ライブラリ 今日の経済学 ❖12

財 政 学

宮澤 和俊・焼田　党
Kazutoshi Miyazawa　　Akira Yakita

Public
Finance

新世社

編者のことば

　世界ではグローバル化の進展に伴い，貿易をめぐる多国間の交渉や金融をめぐる主導権争いが激化を極めている。各地域における分離独立運動や宗教に関わる対立・紛争も，世界経済に及ぼす影響が懸念されている。日本国内ではデフレから脱却するための施策が一定の効果をあげているものの，少子高齢社会の先行きについては楽観できない。

　大学教育では，少子化の中，各大学において目的をより明確にするため一層の改革が求められている。経済学の分野では経済の理論，歴史，経済情勢，経済政策，データの分析と統計的処理，といった様々な方面でより明確な学力の習得が具体的に求められるようになっている。そして大学を卒業した後のビジネスパーソンにとっても，現実の経済活動において役立てることができる，実践的な経済学の知見がより一層必要とされている。

　新世社では，斯学における第一級のすぐれた著者陣の力強い支援により，1990 年代に「新経済学ライブラリ」を刊行して，大きな支持を得てきた。本ライブラリは，さらに上のような今日の社会の情勢変化に鑑み，新しい時代に即した経済学のテキストライブラリを目指すものである。

　本ライブラリにおいては，各領域の気鋭の研究者が，当該テーマについて，入門者から読めるような筆致により，基礎から最新の理論まで平明に説き明かしていく。大学の基本科目・専門科目の履修者にとり最良の導きの書であり，また，社会の第一線で活躍するビジネスパーソンにとっても経済学の最先端を平易にマスターできる，すぐれた教養書となっている。

　本ライブラリ「今日の経済学」が経済学テキストの決定版として広く受け入れられることを期待している。

　2018 年 2 月

井堀　利宏

はしがき

　公共部門の経済的役割を分析するには，バランス感覚が必要である。天秤の左には市場の失敗が，右には政府の失敗がある。経済理論は市場メカニズムの優位性を教えてくれるが，経済理論がどのくらい現実的妥当性を有するのかは不明である。したがって，理論と実証の両面から懐疑的に市場経済をみる姿勢が求められる。他方，税の徴収や国債・地方債の発行は，現役世代や将来世代に負担を生じさせる。こうした国や地方の強権については，常に監視する姿勢が求められる。さらに，バランス感覚そのものが個人によって異なるから，全員一致の結論を導くことは不可能である。どのようなプロセスを経て国民の合意が形成されるのかというのも大きな問題である。

　本書では，天秤の左右に何が載せられているのかを一つひとつ見ていく。そして，最後に合意形成のしくみについて述べる。本書を一通り読み終えると，公共部門の経済的役割について理解することができるだろう。

　本書は，一般的な財政学のテキストと比べると，制度や実証分析よりも理論分析に重点を置いている。理由は2つある。一つは，制度やデータは移ろいやすいからである。今日のネット社会では，各章の内容に関する制度や最新のデータは容易に入手できる。したがって，細かいデータは本文には載せず，読者の皆さんが主体的に探せるようにサイトの情報を載せることにした。もう一つの理由は，筆者の研究手法が主に理論分析だからである。伝統的な研究成果に加え，できる限り最新の研究成果も本書に盛り込んだ。読者の皆さんの知的好奇心に応えられれば幸いである。

　本書の執筆にあたり多くの方々からご助言，ご協力を頂いた。新世社編集部の御園生晴彦氏には，構成や内容のバランスについてアドバイスを頂いた。同志社大学経済学部宮澤ゼミ2017生の学生には，初稿の通読を通して学生

目線の指摘を頂いた。また，南山大学経済学部焼田ゼミ荻巣嘉高君（現神戸大学大学院）にも通読してコメントを頂いた。最後に，著者の財政学・公共経済学に関する見識や研究者としての姿勢は，名古屋大学での奥野信宏先生の薫陶のおかげである。記して感謝申し上げたい。

　2019 年 7 月

宮澤和俊・焼田　党

目　次

第 1 章　財政の役割

1

1.1	公共部門とは	1
1.2	資源配分の効率化機能	4
1.3	所得再分配機能	10
1.4	経済安定化機能	12
◆ 練習問題		14

第 2 章　マクロ経済政策

16

2.1	マクロ生産関数	16
2.2	国民所得と三面等価の原理	17
2.3	国民所得の決定	19
2.4	税制と乗数	23
2.5	IS–LM 分析	25
2.6	AD–AS 分析	31
2.7	お わ り に	41
◆ 練習問題		42

第 3 章　厚生経済学の定理

45

| 3.1 | 完 全 競 争 | 45 |
| 3.2 | パレート最適 | 46 |

3.3	純粋交換経済	51
3.4	数式による説明	51
3.5	図による説明	55
3.6	厚生経済学の第2定理	58
3.7	厚生経済学の定理の政策的意味	60
	◆ 練習問題	61

第4章　所得再分配　64

4.1	最適な所得分配	64
4.2	格差の指標	69
補論	数学補足	78
	◆ 練習問題	81

第5章　余剰分析　84

5.1	余剰とは何か	84
5.2	余剰分析による税制の検討：従量税	92
5.3	余剰分析による税制の検討：従価税	94
5.4	税の帰着	94
5.5	余剰分析による税制の検討：労働所得税	96
補論	数学補足	98
	◆ 練習問題	101

第6章　最適課税　102

| 6.1 | モデル | 102 |
| 6.2 | 図による理解 | 107 |

6.3 ラムゼー・ルールへの批判 ……………………………………… 110

6.4 独占企業の差別価格 ………………………………………… 111

補論 対数表示と価格弾力性 ………………………………………… 112

◆ 練 習 問 題 …………………………………………………… 114

第7章 公 共 財   115

7.1 公共財の定義：排除不可能性と非競合性 ………………… 115

7.2 公共財のパレート効率的供給 ……………………………… 117

7.3 公共財の自発的供給：ナッシュ均衡 ……………………… 122

7.4 公共財の公的供給：リンダール均衡 ……………………… 125

7.5 リンダール均衡とただ乗り ………………………………… 130

7.6 ただ乗りの防止と現実性 …………………………………… 131

補論 ラグランジュ未定乗数法：等号制約条件付き極値問題 ……… 133

◆ 練 習 問 題 …………………………………………………… 135

第8章 外 部 性   136

8.1 は じ め に …………………………………………………… 136

8.2 外部不経済効果と「市場の失敗」………………………… 137

8.3 ボーモル・オーツ税 ………………………………………… 144

8.4 排出権取引市場 ……………………………………………… 147

8.5 コモンズ（共有地）の悲劇 ………………………………… 150

8.6 環境汚染と経済発展 ………………………………………… 151

◆ 練 習 問 題 …………………………………………………… 153

第9章 国 債 　　　154

9.1 国 債 と は …………………………………… 154
9.2 財政の維持可能性 ………………………………… 156
9.3 国債発行の合理性 ………………………………… 159
9.4 国債の負担 ………………………………………… 160
9.5 中立命題の現実性 ………………………………… 166
9.6 財政収支の均衡化：財政維持可能性再論 ……… 167
　　◆ 練 習 問 題 ………………………………………… 170

第10章 年 金 　　　172

10.1 公的年金の必要性 ………………………………… 172
10.2 公的年金の仕組みと種類 ………………………… 174
10.3 公的年金の経済学的側面 ………………………… 175
10.4 労働供給に与える影響 …………………………… 181
10.5 年 金 改 革 ………………………………………… 182
10.6 年金と介護 ………………………………………… 184
　　◆ 練 習 問 題 ………………………………………… 186

第11章 公 共 投 資 　　　187

11.1 公共投資とは ……………………………………… 187
11.2 「現在消費」と「将来消費」の間の選択 ……………… 189
11.3 一括税による公債償還と資源配分にゆがみを
　　　ともなう税による公債償還 ……………………… 194
11.4 公共投資と経済成長：ソロー・モデル ………… 197
11.5 公共投資と経済成長：バロー・モデル ………… 200

11.6 様々な公共投資の可能性
：教育投資，健康投資と公的育児サービス ················· 206

11.7 生活基盤公共投資 ·· 207

補論 2期間一般均衡モデルの定式化 ··································· 207

◆ 練 習 問 題 ··· 209

第 12 章　社会的選択
210

12.1 個人の選好と社会的選好 ·· 210

12.2 2つの政策 ·· 215

12.3 構造誘導均衡 ··· 217

12.4 確率的投票均衡 ··· 219

補論 投票のパラドクス ·· 223

◆ 練 習 問 題 ··· 225

第 13 章　地 方 財 政
227

13.1 地方公共団体 ··· 227

13.2 分権化定理 ·· 229

13.3 スピルオーバー効果 ·· 231

13.4 課 税 競 争 ·· 234

13.5 地方政府と中央政府 ·· 235

13.6 道 州 制 ··· 240

◆ 練 習 問 題 ··· 244

索　引 ··· 247

＊各章の練習問題の解答は，新世社ウェブサイト（http://www.saiensu.co.jp）の
　サポートページ欄に掲載しています。

第1章

財政の役割

■ **Introduction**

　公共部門の経済活動を財政という。財政学者のマスグレイブ（Musgrave, R.A.）は，財政の役割として，資源配分の効率化，所得再分配，経済安定化という3つの機能を挙げている。1節では，公共部門の範囲を整理する。2節では，資源配分の効率化機能の内容を概観する。3節では，まず所得再分配の意義を述べ，次に，どのような視点でどのような政策がとられているのかを説明する。4節では，景気循環の仕組みを整理したうえで，経済安定化政策の意義を考える。

■ 1.1　公共部門とは

　市場経済の立役者は，家計と企業である。家計は労働と資本を供給し，財を需要する。企業は労働と資本を需要し，財を供給する。労働市場，資本市場，財市場という3つの市場に直接関わるのが家計と企業である。家計部門と企業部門を総称して民間部門という。

　市場経済を支える黒子（くろこ）が公共部門である。政府ということもある。図1-1は，日本の公共部門を分類したものである。公共部門は，一般政府と公的企業に大別される。さらに，一般政府は，中央政府，地方政府，社会保障基金に，公的企業は，非金融部門と金融部門に分類される。

図 1-1　日本の公共部門

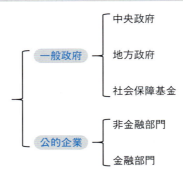

● 中 央 政 府

　一般に，国と通称されるものが中央政府である。中央政府の主要な財政指標は，一般会計と特別会計である。2018（平成 30）年度の一般会計予算は約 100 兆円であり，国内総生産（Gross domestic product, GDP）の 2 割弱に相当する[1]。特別会計には，交付税や，エネルギー対策，東日本大震災復興などの会計が含まれる[2]。

● 地 方 政 府

　都道府県や市町村などの地方公共団体を総称して，地方政府という。地方政府の主要な財政指標は，各地方公共団体の一般会計，および普通会計である。普通会計とは，一定の基準の下で，特別会計の一部を一般会計に組み入れたものである。普通会計を用いることで，都道府県レベル，市町村レベルの各地方政府の財政状況を比較することができる。

　地方財政の全体像を見るときには，地方財政計画を用いる。地方財政計画は，地方政府の歳入と歳出の見込額を集計したものである。平成 30 年度の

1　章末にある参考文献の財務省 a（2018）を参照。以下同様。
2　財務省 b（2018）

地方財政計画の規模は約 90 兆円であり，国の一般会計に匹敵する[3]。ただし，国と地方の間には，地方交付税などの資金移動があるため，総額だけで中央政府と地方政府の規模を比較することはできない。

● 社会保障基金

公共部門の事業のうち，医療，年金，介護，雇用などの社会保険の会計に関わる部分を，社会保障基金という。代表的なものとしては，中央政府の特別会計である年金特別会計や労働保険特別会計，地方政府の公営事業会計のうちの社会保険事業部分，日本年金機構などの特殊法人，年金積立金管理運用独立行政法人，共済組合などがある[4]。

● 公 的 企 業

公的企業は，政府が所有あるいは実質的に管理しているとみなされる企業を指す。公的企業は，非金融部門と金融部門に大別される[5]。非金融部門の代表例としては，料金収入のある地方政府の公営事業会計（上水道，交通，病院など），NTT，JT，高速道路各社などの特殊会社，造幣局，国立病院などの独立行政法人がある。金融部門の代表例としては，日本銀行，中央政府の財政投融資特別会計，地方政府の農業共済事業，日本政策投資銀行などの特殊法人，ゆうちょ銀行などがある。

3 　総務省（2018）
4 　内閣府（2018）
5 　内閣府（2018）

■ 1.2　資源配分の効率化機能

　市場メカニズムは，必要な場所に必要な資源を配分するという優れた機能を持つ。第3章で説明するように，パレート基準という考え方の下で，完全競争均衡は最適である（厚生経済学の第1定理）。現実の経済が完全競争のすべての仮定を満たすことはないものの，市場メカニズムのメリットについては十分に認識しておく必要がある。

　しかし，状況によっては，市場メカニズムでは資源配分がうまく調整できないことがある。市場の失敗という。市場の失敗の例としてよく知られているのは，公共財，外部性，自然独占，リスクの4つである。

● 公 共 財

　市場で取引される財を私的財という。私的財には，競合性と排除性という2つの性質がある。花子さんがリンゴを買うと，太郎くんはそのリンゴを消費することができない。個々のリンゴという私的財は，自分が買うことで他の人の消費の機会を邪魔するという意味で競合している。また，花子さんがリンゴを消費できるのは対価を払ったからである。対価を払わない人は，消費の機会が失われるという意味で排除される。

　競合性と排除性を満たす財については，経済理論が当てはまる。つまり，市場メカニズムにより最適な資源配分が達成できる。逆にいうと，この2つの性質を満たさない財については，市場メカニズムだけでは過不足が生じることになる。

　競合性と排除性という2つの性質をともに満たさないような財を，公共財，あるいは純粋公共財という。いずれか1つの性質を満たさないような財を，準公共財という。

　たとえば，一般道路は公共財である。花子さんが道路を利用したからと

4 ● 第1章　財政の役割

図 1-2 公共財

いって，太郎くんの道路利用を邪魔することはない。また，タダで利用できるので，対価を払わないという理由で排除されることはない。サミュエルソンは，このような性質を，私的財と対比させながら，非競合性，排除不可能性と名付けている。

準公共財の例としては，有料の衛星放送や一部の天然資源が挙げられる。衛星放送は，加入料金を払わない人は利用できないという意味で排除性を持つ。しかし，花子さんが利用したからといって，太郎くんの利用が邪魔されることはない。つまり，非競合性という性質だけを満たすことになる。このような財を，クラブ財という。また，天然資源の例として，漁業権が決まっていない漁場をイメージしてみよう。タダで漁ができるので，対価を払わないという理由では排除されない。しかし，水産資源は限られているから，花子さんが魚を捕り過ぎると，太郎くんの漁獲高が減ってしまう。つまり，排除不可能性（非排除性）という性質は満たされるが，競合はしていることになる。このような財を，コモンズ（共有地）という（第 8 章 5 節参照）。

1.2　資源配分の効率化機能 ● 5

● 外 部 性

　経済学の基本的な考え方は，バッテン（×）である。限界便益（Marginal benefit, *MB*）と，限界費用（Marginal cost, *MC*）という言葉を用いて説明しよう。限界便益とは，消費量（あるいは生産量）を 1 単位追加するとき，経済主体に生じる追加的な便益を表す。限界便益は，消費が増えるにつれて小さくなる。他方，消費量を 1 単位追加するときに生じる追加的な費用が限界費用であり，限界費用は消費量とともに増加する。

　図 1-3 の x_0 では限界便益が限界費用を上回っている。この状況では，消費を増やすことで経済主体に余剰が生じる。x_1 では限界費用の方が大きいので，消費を減らすことで余剰が生じる。経済主体にとっての最適消費は，限界便益と限界費用が一致する x^* である。このように，経済的要因を 2 つに分け，バッテンをイメージすることで望ましい選択とは何かを知ることができる。需要曲線と供給曲線も同じ発想である。

　個々の経済主体の選択は，各主体が限界便益と限界費用をどのように見積もっているのかに依存する。見積もりが主観的であるときは，特に，私的限界便益（Private marginal benefit, *PMB*），私的限界費用（Private marginal cost, *PMC*）という言葉を用いる。

　自分の選択が，結果的に，他の経済主体や経済全体の限界便益や限界費用に影響を与えるとき，その選択は外部性を持つという。特に，他者に有利に働く外部性を外部経済といい，不利益となるものを外部不（負）経済という。

　図 1-4 は，外部不経済のケースを図示したものである。例として，宅配サービスを考えよう。宅配業者の私的限界費用を *PMC* とすると，市場経済で決まる取引量は x_0 である。他方，宅配サービスの拡大により，梱包材の処分という追加的な費用が生じる。この費用分を加えたものが，社会的限界費用（Social marginal cost, *SMC*）である。社会的に望ましい取引量は，限界便益 *MB* と *SMC* が一致する x^* である。外部不経済のケースでは，最適水準よりも取引量が多いという意味で，市場は失敗する。

　他方，外部経済のケースでは，市場取引量は最適水準よりも少なくなる。

図 1-3 限界便益と限界費用

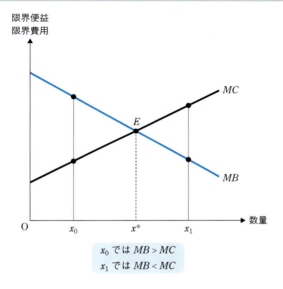

x_0 では $MB > MC$
x_1 では $MB < MC$

図 1-4 外 部 性

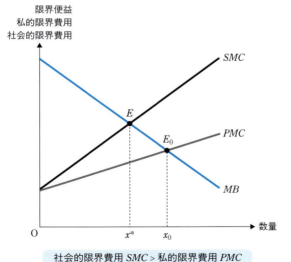

社会的限界費用 $SMC >$ 私的限界費用 PMC
$\Rightarrow x^* < x_0$

外部経済の例としては，初等・中等教育がある。多くの国民が基礎教育を受けることで，意思疎通が容易になり，取引費用を抑えることができる。また，知識の蓄積により，文化的な消費の幅が広がり，便益を増やすことができる。つまり，（ⅰ）社会的限界費用 SMC が，私的限界費用 PMC よりも小さい，あるいは，（ⅱ）社会的限界便益（Social marginal benefit, SMB）が，私的限界便益 PMB よりも大きい，という関係が成り立つとき，市場取引量は最適水準よりも少なくなり，市場は失敗する。

● 自然独占

技術的な理由で，1社独占が望ましいケースがある。自然独占という。自然独占産業では競争原理が機能せず，市場は失敗する。図1-5 は，生産量と平均費用（Average cost, AC）の関係を図示したものである。平均費用とは，総費用を生産量で割ったものである。平均費用は，生産を開始する前にかかる費用に大きく影響される。たとえば，電気事業は初期費用の大きい事業である。発電のためにはダムや火力発電所を建設しなければならないし，配電のために高圧線や変電所などのネットワークを整備しなければならない。こうした初期費用（固定費用）に，電力供給にともなう操業費用（可変費用）を加えたものが総費用である。電力の供給量が増えるにつれて，供給量あたりの固定費用は逓減する。他方，可変費用は通常逓増する。この2つの効果により，平均費用曲線はU字型になる。

いま，図の x_1 だけ電力需要があり，供給者側に供給義務があるとしよう。1社で供給するときの平均費用は a であるから，総費用は ax_1 である。次に，同じ技術を持つ2つの企業が半分ずつ電力を供給するとしよう。1社あたりの供給量は $x_1/2$ であり，総費用は $ax_1/2$ である。2社合わせた総費用は ax_1 となり，1社で供給するときと総費用は同じである。

次に，需要が $x<x_1$ のときを考えると，2社で供給するよりも1社で供給した方が費用が少ないことが分かる。生産量が x のときの平均費用を $c(x)$ と表記すると，1社で供給するときの費用は $xc(x)$ である。2社で半分ずつ供給

8 ● 第1章　財政の役割

図1-5 自然独占

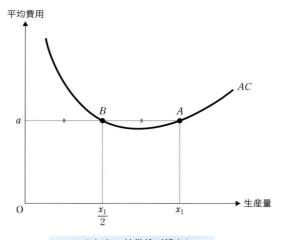

$x < x_1$ のとき1社供給が望ましい。

するときの1社あたりの費用は，$(x/2)c(x/2)$ である。ここで，$x < x_1$ のとき，

$$xc(x) < \frac{x}{2}c\left(\frac{x}{2}\right) \times 2 \iff c(x) < c\left(\frac{x}{2}\right) \tag{1.1}$$

が成り立つので，1社供給の方が費用効率的である。

　平均費用曲線が右下がりである範囲では，常に（1.1）式が成立する。このため，自然独占産業のことを，**平均費用逓減産業**ということもある。初期費用が大きいほど，平均費用が逓減する範囲が広くなる。このような技術の下で，相対的に需要が少ないとき，独占的供給が効率的である。

● リスク

　個人は，一般的に**リスク回避的**（risk averse）である。企業は，個人と比較すれば**リスク中立的**（risk neutral）である。保険が産業として成立するのは，加入者のリスクに対する態度と保険会社のそれとが異なるからである。

1.2　資源配分の効率化機能　● 9

企業のリスクに対する態度は，プロジェクトの大きさに依存する。小さな
プロジェクトをたくさん抱えているときは，個々のプロジェクトのリスクが
相殺されるため，企業はリスク中立的に振る舞うことができる。しかし，大
規模プロジェクトに対してはリスク回避的になる。リスクを分散できるよう
な類似の大規模プロジェクトが存在しないからである。

　規模が大きく，その分リスクも大きいプロジェクトは，供給を市場に委ね
ると過少になり，市場は失敗する。そこで企業よりもリスク中立的な経済主
体が必要になる。この役割を担うのが公共部門である。公共部門が，保険市
場における保険会社と同じような役割を果たすことで，社会的に見て有益な
大規模プロジェクトを実行することができる。

■ 1.3　所得再分配機能

　公共部門の第2の機能が，所得再分配である。市場メカニズムにより導か
れる資源配分は，パレートの意味で最適である（第3章参照）。ただし，達
成される配分は初期の配分に依存することに留意する必要がある。初期の配
分が偏っていると，市場メカニズムにより導かれる配分も偏ったものになる。
市場メカニズムには配分の偏りを是正する機能がないのである。

　資源配分の偏りを是正する手段の一つが，公共部門による再分配政策であ
る。個人の寄付やボランティア活動，企業の社会的責任（Corporate social
responsibility, CSR），非営利団体（Non-profit organization, NPO）による社会
貢献事業など，民間部門にも再分配機能は存在する。しかし，民間の自発的
な再分配は限定的であり，公共部門が責任を持って再分配政策を行う必要が
ある。

　所得再分配は，以下に示すように，世代内，世代間，地域間の3つに大別
される。

● 世代内所得再分配

　同じ世代で，同じ経済環境の下で経済活動を行う個人の間でも所得格差は発生する。格差の要因は，（ⅰ）個人の努力，（ⅱ）運，（ⅲ）先天的要因に大別される。公共部門による再分配政策の対象となるのは，（ⅱ）運，（ⅲ）先天的要因である。（ⅰ）個人の努力は，努力の限界便益と限界費用から主体的に選択されたものであるから，政府介入は望ましくない。運による格差の是正策としては，健康保険，雇用保険などの社会保険がある。先天的要因に関する格差是正策としては，相続税や贈与税，累進所得税などがある。

● 世代間所得再分配

　世代が違うと経済環境も違う。新卒時，たまたまバブル経済だった世代は，40年間一部上場企業で働くことができる。新卒のタイミングがたまたま平成不況だった世代は，同じ能力でも一部上場企業に就職できない。生まれるタイミングで利益／不利益が生じるのは，個人の努力とは無関係であり，不公平である。このような格差を是正する政策としては，職業訓練や，中途採用の促進政策などが挙げられる。

　また，年齢が上がるにつれて，稼得能力が低下し，健康状態が悪化する。若年労働世代はこうしたリスクが少ないから，世代間の保険を整備することで，高齢世代，若年世代の双方に便益が生じる。具体的には，年金や医療，介護などの社会保険がある。

● 地域間所得再分配

　日本の地域間経済格差は著しい。都市部に生まれたか，地方に生まれたかは自分では選択できないので，移住の機会が限られている状況では，地域間の再分配政策が必要である。具体的には，財政的に余裕のある地方政府から，逼迫している地方政府への移転である地方交付税交付金や，地域産業への補助金政策などが挙げられる。

■ 1.4 経済安定化機能

　市場経済は本来，安定的である。何らかの経済的ショックが発生しても，価格の調整メカニズムにより新しい均衡へと収束する。ただし，調整速度が速いか遅いかは分からない。バブル崩壊後の日本のように，不況が長期間継続する場合には，調整速度を引き上げる政策が必要である。

　市場経済の特徴の一つに景気循環がある。要因ごとに，キチン循環，ジュグラー循環，クズネッツ循環，コンドラチェフ循環の4つに大別される（表1-1）。周期性を持つという点では，ある意味安定である。ただし，複数の波が共鳴することで景気変動が増幅されるかもしれない。そのような場合には，アクセルとブレーキを使い分けて，政策的に変動幅を小さくする必要がある。

　公共部門による経済安定化政策は，以下の3つの経済的配慮により正当化される。

● リ ス ク

　個人はリスク回避的である。生涯所得が同じでも，所得が大きく変動する経済よりも，所得が安定的に推移する経済の方が経済厚生が高くなる。その理由は，家計の最適化行動とも整合的である，消費の平準化（consumption smoothing）である。消費の平準化とは，貯蓄により現在の消費と将来の消費を調整することである。この調整には貯蓄の収益率である利子率の情報が必要だが，景気変動とともに利子率が変動すると，貯蓄行動にマイナスの影響を及ぼし，消費の平準化ができなくなる。

● 効 率 性

　経済主体の選択は，物価水準や賃金率，利子率といった短期の価格指標に

表 1-1　景 気 循 環

種　類	期　間	要　因
キチン循環	短期（10 か月）	在庫変動
ジュグラー循環	中期（10 年）	設備投資
クズネッツ循環	20 年	建設需要，世代交代
コンドラチェフ循環	長期（50 年）	技術革新

影響される。さらに，経済成長率や物価上昇率など，将来の経済変数への**期待**にも影響される。価格変動が大きいと，期待形成にゆがみ（ノイズ）が生じ，過剰貯蓄や過少投資等，**異時点間の資源配分**がゆがめられる。

● 公 平 性

　世代間所得再分配の項で述べたように，新卒のタイミングがたまたまバブル経済だった世代と，たまたまバブル崩壊後の不況だった世代では生涯所得の違いなどの不公平が生じる。景気変動にともなう世代間の不公平をゼロにすることはできないが，政策的に景気の変動幅を小さくすることで，世代間不公平を小さくすることができる。

参 考 文 献

財務省 a（2018）「日本の財政関係資料」，平成 30 年 3 月
財務省 b（2018）「特別会計ハンドブック」，平成 30 年版
総務省（2018）「平成 30 年度地方財政計画の概要」，平成 30 年 2 月
内閣府（2018）「平成 29 年度国民経済計算における政府諸機関の分類」，平成 30 年 3 月

◆ 練 習 問 題

1. 参考文献にある「国民経済計算における政府諸機関の分類」を用いて，下記の用語の内容を調べよ。

 （1）特別会計 （2）社会保障基金 （3）独立行政法人

 （4）特殊法人 （5）認可法人

2. 図1-6は，平成30年度の国の一般会計予算である。歳入，歳出の各項目が，（1）資源配分の効率化，（2）所得再分配，（3）経済安定化のいずれの機能を持つかを論ぜよ。

3. 次の財・サービスを，図1-2の分類にしたがって仕分けせよ。

 映画館，公園のベンチ，高速道路，国防，司法制度，地下鉄，テニスコート，図書館，ライン（LINE）

4. ある財を x 単位生産するときの費用が，$C(x)=x^2+20x+200$ で与えられている（$x\geqq 0$）。

（1）平均費用関数 $c(x)$ を求めよ。また，平面 (x,c) 上に平均費用曲線 $c=c(x)$ を図示せよ。

（2）独占的供給が費用効率的であるような x の範囲を求めよ。

図1-6 一般会計予算（平成30年度）

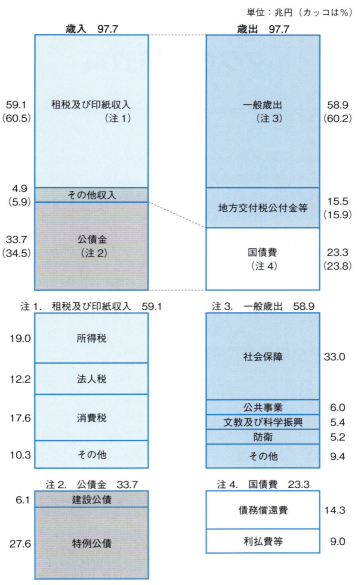

出所：財務省「日本の財政関係資料」，平成30年3月

第 2 章

マクロ経済政策

■ Introduction

マクロ経済政策のターゲットはいろいろある。景気回復，成長戦略，物価安定，貿易不均衡の是正等，それらしい言葉が日々飛び交っている。本章では，政策目標として雇用に焦点を当てる。何らかの経済ショックにより，雇用環境が悪化したとしよう。職を失い所得を得られない，あるいは，賃金水準が低く抑えられていて，働くだけで日々が過ぎていくといった状況は，早急に改善しなければならない。将来的な効果は二の次である。その意味で，本章の内容は，短期分析である。長期分析については，第 11 章の公共投資で説明する。

■ 2.1 マクロ生産関数

図 2-1 は，一国経済における労働と生産量の関係を図示したものである。マクロ生産関数という。（1）労働投入が増えると生産量が増える（右上がり），（2）労働を 1 単位増やすときの生産量の増分は，右にいくほど小さい（上に凸）と仮定する。経済学の言葉では，労働の限界生産力は正かつ逓減的であるという。

図の L^F は，利用可能なすべての労働を投入したときの水準を表しており，完全雇用が達成されていることを意味する。完全雇用の下での生産量が Y^F である。生産技術は短期的には変わらないので，曲線は固定されている。何

図 2-1 マクロ生産関数

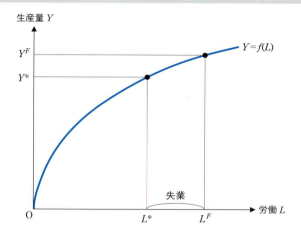

らかの理由で，現実の生産水準が Y^* で決まっているとしよう。このとき，雇用量は L^* であり，$(L^F - L^*)$ だけ失業が発生する。図から，失業を減らすには生産水準 Y^* を引き上げればよいことが分かる。

■ 2.2　国民所得と三面等価の原理

● 付加価値とは何か

　生産水準を引き上げるという政策目標が決まったので，次は，現実の生産量 Y^* がどのように決まるのかを考える。例として，鯛の流通経路を考えよう。

　海中の鯛の価格をゼロとする。漁師が労働，船，燃料を投入して鯛を捕獲する。市場で300万円の値がつき，漁師のもとに300万円が入る。鯛を競り落とした仲買（なかがい）は，トラックと労働を投入して，鯛を消費地まで運び，料亭に500万円で売る。仲買は差引200万円の利益を得る。最後に，

表 2-1　鯛の流通経路

取引価格	0		300		500		1,000	
経済主体	漁師		仲買		料亭		客	
付加価値	300		200		500		0	
分配所得	漁師（50） 船（100） 燃料（150）		仲買（100） 運転手（50） トラック（50）		経営者（300） 料理人（100） テナント（100）			

単位：万円

料亭は，労働とテナントを投入して，客に鯛料理を提供する。料亭の売上を 1,000 万円とすると，料亭は差引 500 万円の利益を得る。漁師と仲買，仲買と料亭，料亭と客という 3 つの取引があり，それぞれの取引での鯛の価格は，300 万円，500 万円，1,000 万円である。

鯛の価格が上昇するのは，背後に漁師，仲買，料亭の生産活動があるからである。生産活動にともなう価格の上昇分を付加価値という。漁師の生み出した付加価値は 300 万円，仲買は 200 万円，料亭は 500 万円である。付加価値は，各経済主体の利益に一致する。また，付加価値の合計 1,000 万円は，客の支払額に一致する。

● 三面等価の原理

利益は，生産要素の所有者に分配される。表 2-1 の所得の欄のカッコの中の数字が分配額を表している。たとえば，漁師の利益 300 万円は，労働の対価として漁師に 50 万円，船の所有者に 100 万円，燃料供給者に 150 万円，所得として分配される。仲買や料亭の利益についても同様である。図から，所得の合計は付加価値の合計に一致することが分かる。

付加価値の合計を，生産国民所得という。料亭の客の支払額を支出国民所得という。所得の合計を分配国民所得という。3 つの国民所得はいずれも 1,000 万円である。国民所得を，生産・支出・分配の 3 方向から勘定したとき，いずれも一致する。これを，三面等価の原理という。

鯛の例では，料亭の客が鯛料理を食べる（消費する）だけであるが，将来への投資として需要される財もある。また，生産された財の一部は，海外に輸出される。マクロ経済学では，生産国民所得と支出国民所得が一致することを表す次の等式を利用する。

$$Y = C + I + G + NX \tag{2.1}$$

左辺の Y は生産国民所得を表す。右辺は支出を分類したものであり，順に，消費 C（consumption），投資 I（investment），政府支出 G（government），純輸出 NX（Net export）を表す。純輸出とは，輸出から輸入を差し引いたものである。（2.1）式中の等号は，常に成立することを意味する等号である。その意味で，（2.1）式は恒等式である。

■ 2.3　国民所得の決定

（2.1）式を用いて，国民所得の決定に関するモデルを構築することができる。分析のアイディアは，国民所得 Y の内生化である。（2.1）式の右辺の変数を，Y の関数と考えることにより，（2.1）式を方程式とみなすことができる。したがって，方程式を解くことにより，等号が成立するような国民所得，すなわち，均衡国民所得が求められる。

● 消 費 関 数
注目する変数は，最大の支出項目である消費 C である。可処分所得が増えると消費が増えると考え，次のような関数を利用する。消費関数という。

$$C = c_0 + c(Y^d - T)$$

ここで，Y^d は分配国民所得，T は税を表す。$(Y^d - T)$ を可処分所得とい

う。$c_0 \geqq 0$, $0 < c < 1$ は定数である。消費関数のグラフの傾きを表す c を，**限界消費性向**（marginal propensity to consume）という。

　三面等価の原理より，分配国民所得 Y^d と生産国民所得 Y は一致する。したがって，消費関数は，

$$C = c_0 + c(Y - T) \tag{2.2}$$

と表すことができる。

● 45 度線分析

　(2.1) 式と (2.2) 式の 2 本の式を用いた分析を，**45 度線分析**という。また，(2.1) 式は，財の生産（供給）と支出（需要）が一致するという意味があるので，**財市場均衡式**とよばれている。

　(2.2) 式を (2.1) 式に代入すると，

$$Y = c_0 + c(Y - T) + I + G + NX \tag{2.3}$$

が得られる。Y 以外の変数はすべて定数なので，(2.3) 式は，Y に関する 1 次方程式である。これを解くと，均衡国民所得が得られる。

$$Y^* = \frac{c_0 - cT + I + G + NX}{1 - c} \tag{2.4}$$

　上付きの ＊ は，方程式の解（均衡）であることを表している。

　45 度線という名称は，幾何的な説明の際，原点を通る傾き 1 の半直線（45 度線）を用いることに由来する。図 2-2 は，国民所得 Y を横軸にして，(2.3) 式の左辺と右辺のグラフを別々に描いたものである。左辺のグラフが 45 度線である。右辺のグラフは，傾き c，切片 $c_0 - cT + I + G + NX$ の半直線である。切片が正であるとき，右辺の傾き c が 1 未満であることから，2 つの半直線は第 1 象限で交わる。交点の Y 座標が (2.4) 式の Y^* である。

20 ● 第 2 章　マクロ経済政策

図 2-2 45 度線分析

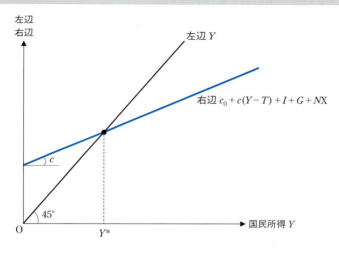

● 乗数効果

　政策効果を計測するためには，比較静学分析（comparative statics analysis）を用いる。比較静学とは，これまで定数とみなしていた変数（外生変数，あるいはパラメータという）が変化したとき，内生変数（ここでは Y^*）がどのように変化するのかを調べる手法である。たとえば，(2.4) 式を見ると，均衡国民所得 Y^* は，政府支出 G の 1 次関数，税 T の 1 次関数である。係数に注目すると，

$$\frac{\partial Y^*}{\partial G} = \frac{1}{1-c} \tag{2.5}$$

$$\frac{\partial Y^*}{\partial T} = -\frac{c}{1-c} \tag{2.6}$$

が得られる。$\partial Y^*/\partial G$ は，G 以外の変数を定数とみなして，Y^* を G で微分したものである。このような微分を偏微分という（∂ はラウンドと読む）。(2.5) 式を政府支出乗数という。(2.6) 式の符号を反転した $-\partial Y^*/\partial T = c/(1-c)$ を減税乗数という。

図 2-3 Gの比較静学

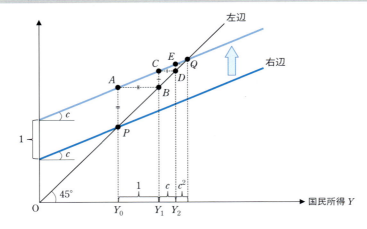

たとえば，限界消費性向を $c = 0.6$ とすると，政府支出乗数は 2.5，減税乗数は 1.5 である。$c = 0.75$ のときは，政府支出乗数は 4，減税乗数は 3 である。一般的に，政府支出乗数は，減税乗数よりも 1 だけ大きい。なぜなら，

$$\frac{\partial Y^*}{\partial G} - \left(-\frac{\partial Y^*}{\partial T}\right) = \frac{1}{1-c} - \frac{c}{1-c} = 1$$

であるからである。

政府支出の増加をすべて国債発行で賄うとき，乗数の大きさは (2.5) 式で与えられる。政府支出の増加を増税で賄うとき，乗数の大きさは 1 である。この 1 を，**均衡予算乗数**という。

乗数効果は，グラフを用いて説明できる（図 2-3）。点 P を当初の均衡とし，この状況で，国債を用いて政府支出 G を 1 兆円増やしたとしよう。グラフでは，(2.3) 式の右辺の半直線が 1 だけ上にシフトすることを意味する。所得水準 Y_0 における需給ギャップ（需要と供給の差）は，$AP = 1$ 兆円である。この差を埋めるために，生産が 1 兆円増える（点 A→点 B）。分配所得も 1 兆円増えるため，(2.2) 式の関係から消費が c 兆円増える（点 B→点 C）。

所得水準 Y_1 における需給ギャップは，$CB = c$ 兆円である。この差を埋めるため，生産が c 兆円増える（点 $C \to$ 点 D）。さらに，分配所得の増加により，消費が c^2 兆円増える（点 $D \to$ 点 E）。

右辺の半直線が 45 度線の上にある限り，需給ギャップが存在し，生産が増え続ける。需給が一致するのは，点 Q である。点 P から点 Q までどのくらい国民所得が増えたのかを計算すると，

$$1 + c + c^2 + \cdots = \frac{1}{1-c}$$

となる[1]。これが，(2.5) 式の政府支出乗数である。

■ 2.4 税制と乗数

税制によって，政府支出乗数の大きさは異なる。この点を簡単なモデルを用いて説明する。

● 所 得 税

税は，

$$T = tY \tag{2.7}$$

---

[1] 初項を a，公比を r とする等比数列 $\{a_n\}$ の第 n 項までの和は，

$$S_n = \frac{a(1 - r^n)}{1 - r}$$

と表される（$r \neq 1$）。

さらに，$0 < r < 1$ のとき

$$\lim_{n \to \infty} S_n = \frac{a}{1 - r}$$

が成り立つ。

で与えられる。$0<t<1$ は，所得税率（定数）である。(2.7) 式を (2.3) 式に代入し，Y について解くと，

$$Y^* = \frac{c_0 + I + G + NX}{1 - (1-t)c}$$

が得られる。政府支出乗数は，

$$\frac{\partial Y^*}{\partial G} = \frac{1}{1 - (1-t)c} \tag{2.8}$$

である。たとえば，限界消費性向を $c=0.75$，税率を $t=0.2$ とすると，(2.8) 式の値は，2.5 となる。税制を考えないときの (2.5) 式の値は 4 なので，乗数の値は 4 割近く低下する（$2.5/4 = 0.625$）。所得税があるとき，実質的な限界消費性向は $(1-t)c$ である。限界消費性向が下がることで，消費→生産→消費→生産のサイクルが抑えられるのがその理由である。

● 消 費 税

税は，

$$T = \theta C \tag{2.9}$$

で与えられる。$0<\theta<1$ は，消費税率（定数）である。(2.9) 式を (2.2) 式に代入して，C について解くと，

$$C = \frac{c_0 + cY}{1 + \theta c}$$

が得られる。この式を (2.1) 式に代入して，Y について解くと，

$$Y^* = \frac{\frac{c_0}{1+\theta c} + I + G + NX}{1 - \frac{c}{1+\theta c}}$$

が得られる。したがって，政府支出乗数は，

$$\frac{\partial Y^*}{\partial G} = \frac{1}{1 - \frac{c}{1+\theta c}} \qquad (2.10)$$

である。消費税がないとき（$\theta = 0$），（2.10）式は，$1/(1-c)$ となり，（2.5）式と一致する。消費税があると，乗数の値は小さくなる。たとえば，$c = 0.75$，$\theta = 0.2$ とすると，（2.10）式の値は 2.875 である。消費税があるときの実質的な限界消費性向は，$c/(1+\theta c) < c$ である。したがって，所得税のときと同様に，消費と生産のサイクルが抑えられるため，乗数効果が小さくなる。

■ 2.5 *IS-LM 分析*

　財市場と貨幣市場の同時均衡を考えたモデルを *IS-LM 分析* という。貨幣の役割を考えることで，財政政策に加え，金融政策の経済効果を考えることができる。

● 貨幣市場と *LM* 曲線

　貨幣市場の均衡式は次式で与えられる。

$$M = L_1(Y) + L_2(r) \qquad (2.11)$$

　左辺の M は貨幣供給を表しており，政府がコントロールする政策変数である。（2.11）式の右辺は，貨幣需要を表す。Y は国民所得，r は利子率である。$L_1(Y)$ は，取引動機にもとづく貨幣需要を表す。取引需要という。所得水準が上がると取引の機会が増え，決済のために貨幣が必要となる。したがって，取引需要 $L_1(Y)$ は，国民所得 Y の増加関数である。$L_2(r)$ は，資産動機にもとづく貨幣需要を表している。資産需要という。利子率とは，貨幣

2.5 *IS-LM 分析* ● 25

図 2-4 LM 曲線

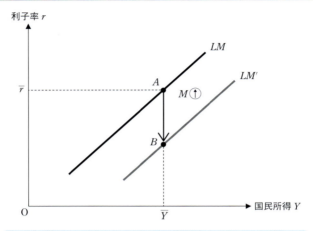

LM曲線は（1）右上がり，（2）貨幣供給 M を増やすと，右下にシフトする。

以外の流動性の低い（使い勝手の悪い）資産の収益率を表す。貨幣の収益率は，物価の影響を無視すればゼロである。個人は，自分の資産を貨幣として持つか，使い勝手は悪いが収益を生む資産として持つかという資産選択の問題に直面する。常識的には，利子率 r が高ければ，個人は貨幣を手放して収益を生む資産を持とうとするだろう。したがって，資産需要 $L_2(r)$ は利子率 r の減少関数である。

図 2-4 は，貨幣市場を均衡させる国民所得と利子率の組合せ (Y,r) の軌跡を描いたものである。LM 曲線という。LM 曲線は，（1）右上がり，（2）貨幣供給 M を増やすと右下にシフトする，という性質がある。（1）右上がりである理由はこうである。貨幣供給 M が一定の下で，国民所得 Y が増えたとする。取引需要 $L_1(Y)$ が増えるので，このままでは（2.11）式の等号が成立しない。等号が成立するためには，資産需要 $L_2(r)$ が減るような変化，すなわち，利子率 r の上昇が必要である。したがって，国民所得 Y が増えると利子率が上昇するので，LM 曲線は右上がりである。

次に，(2) 貨幣供給 M を増やすと右下にシフトすることを説明しよう。Y, r, M という3つの変数を同時に動かそうとすると分かりにくいので，国民所得を固定し，$Y = \overline{Y}$（一定）と仮定する。貨幣市場を均衡させる利子率は $\overline{r}$ である。ここで，貨幣供給 M を増やしたとしよう。取引需要 $L_1(Y)$ は変わらないので，(2.11) 式の等号が成立するためには，資産需要 $L_2(r)$ が増える必要がある。つまり，利子率が低下する。図では，LM 曲線上の点 A が点 B に移動することを意味する。以上のロジックは，$\overline{Y}$ の水準とは無関係である。したがって，$\overline{Y}$ の値をいろいろ変えることにより，LM 曲線上の点がどの点に移動するのかを調べることができる。移動後の点を結んだものが，図の LM' である。図から LM 曲線が右下にシフトすることが分かる。

● 投資関数，財市場，IS 曲線

次に，財市場均衡式 (2.1) 式に戻る。利子率という新しい内生変数は，財市場の需要サイドにも影響を与える。もっとも影響を受けるのは投資である。企業は多くの場合，設備投資のために借金をする。したがって，利子率が高いと，投資が減ると考えられる。投資を利子率の減少関数とみなしたものを，投資関数という。

$$I = I(r), \quad I'(r) < 0 \tag{2.12}$$

財市場を均衡させる国民所得 Y と利子率 r の組合せ (Y, r) の軌跡を，IS 曲線という。(2.2) 式の消費関数と，(2.12) 式の投資関数を (2.1) 式の財市場均衡式に代入し，Y について解くと，

$$Y = \frac{c_0 - cT + I(r) + G + NX}{1 - c} \tag{2.13}$$

が得られる。(2.13) 式が，IS 曲線を表す式である。

IS 曲線は，(1) 右下がり，(2) 政府支出 G を増やすと右上にシフトする，という性質がある（図 2-5）。(1) 右下がりである理由はこうである。何ら

図 2-5 IS 曲 線

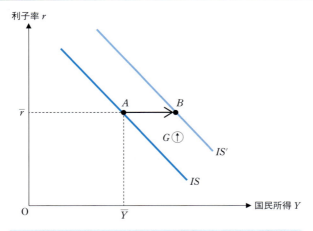

IS 曲線は (1) 右下がり，(2) 政府支出 G を増やすと，右上にシフトする。

かの理由で利子率 r が上昇したとする。このとき投資 I が減少する。財市場の需要サイドが減るので，等号が成立するように，生産国民所得 Y が減る。したがって，利子率 r と国民所得 Y が逆向きに動くので，IS 曲線は右下がりである。

次に，(2) 政府支出 G を増やすと右上にシフトすることを説明しよう。LM 曲線のときと同様，Y, r, G の 3 つの変数を同時に動かすのは分かりにくいので，利子率を固定し，$r = \bar{r}$（一定）とする。財市場を均衡させる国民所得は $\bar{Y}$ である。ここで，政府支出 G を増やしたとしよう。投資 I が不変なので，45 度線分析と同じ結果が得られる。すなわち，乗数効果により，国民所得が増加する。図では，IS 曲線上の点 A が点 B に移動することを意味する。このロジックは，$\bar{r}$ の水準とは無関係である。したがって，$\bar{r}$ の値をいろいろ変えることで，IS 曲線上の点がどのように移動するのかを調べることができる。移動後の点を結んだものが，図の IS′ である。図から，IS 曲線は右上にシフトすることが分かる。

図 2-6　財政政策

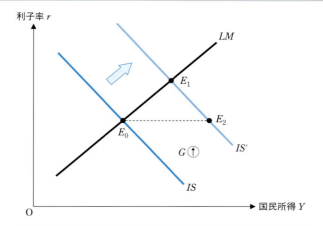

政府支出 G を増やすと，IS 曲線が右上にシフトする。LM 曲線は不変。均衡は右上に移動する（点 $E_0 \to E_1$）。

● 財政政策

　IS 曲線と LM 曲線を同じ座標平面に描くことで均衡が導出される。IS 曲線は右下がり，LM 曲線は右上がりなので，交点は存在すればただ1つである。交点 $E(Y^*, r^*)$ では，財市場と貨幣市場が同時に均衡することを意味している。

　財政政策の経済効果は，政府支出 G を増やしたときの均衡の移動を調べることで分析できる。政府支出を増やすと IS 曲線が右上にシフトする。LM 曲線は不変である。したがって，図 2-6 のように，交点が $E_0 \to E_1$ へと右上に移動する。財政政策により，国民所得 Y は増加し，利子率 r は上昇する。

　IS-LM 分析と 45 度線分析の違いは，利子率への影響を考慮しているかどうかである。45 度線分析では，利子率は一定であると仮定している。45 度線分析における財政政策の効果は，図の $E_0 \to E_2$ の移動で表される。国民所得の増分を比較すると，45 度線分析の方が，IS-LM 分析よりも大きい。つまり，利子率への影響を考えないと，財政政策の効果が過大に評価されるこ

とを意味している。その理由は，財政政策の投資へのマイナス効果を無視している点にある。点E_2はLM曲線上にないから，貨幣市場が均衡していない。貨幣供給一定の下で，国民所得が増え，貨幣の取引需要が増えている。したがって，均衡が回復するためには，貨幣の資産需要が減るような変化，すなわち利子率の上昇が必要である。次に，財市場に視点を変えると，利子率の上昇により投資が減少する。投資は財市場の需要サイドに含まれるので，需給ギャップをなくすように生産国民所得が減少する。$E_2{\to}E_1$の移動は，利子率の上昇にともなって投資が減る効果を表している。財政政策が利子率を引き上げ，投資を減らす効果をクラウディングアウト効果という。

● 金 融 政 策

　図 2-7 は，金融政策の効果を図示したものである。貨幣供給Mを増やすとLM曲線が右下にシフトする。したがって，交点が，$E_0{\to}E_3$へと右下に移動する。金融政策により，国民所得Yは増加し，利子率rは低下する。

　均衡の移動をもう少し詳しく見てみよう。金融政策の直接的な効果は，利子率の低下である。国民所得一定の下で，貨幣供給を増やしたとしよう。取引需要は不変なので，貨幣市場が均衡するためには資産需要が増えなければならない。つまり，利子率が低下する。図の$E_0{\to}E_4$の移動が，金融政策の直接効果を表している。点E_4はIS曲線上にないから，財市場は均衡していない。利子率の低下により，投資が増え，超過需要が生じているからである。したがって，均衡が回復するためには，生産国民所得Yが増えなければならない。他方，貨幣市場に目を向けると，国民所得が増えると取引需要が増えるから，超過需要が生じる。貨幣市場の均衡が回復するには，利子率が上昇し，資産需要が減らなければならない。図の$E_4{\to}E_3$の移動が，貨幣市場の均衡を維持しつつ，財市場の均衡を回復する過程を表している。

図 2-7 金融政策

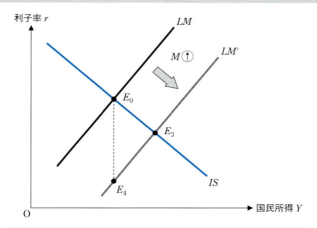

貨幣供給 M を増やすと，LM 曲線が右下にシフトする。IS 曲線は不変。均衡は右下に移動する（点 $E_0 \to E_3$）。

2.6 AD–AS 分析

● 物価水準：財と貨幣の相対価格

　IS–LM 分析は，マクロ経済の主要な指標である利子率を組み入れている点に利点がある。しかし，問題もある。たとえば，極端な例として，「明日から千円を 1 万円とよぶことにします。他の通貨もすべて 10 倍にします」と，政府が宣言したとしよう。単純に考えると，市場に出回る貨幣供給は 10 倍になる。したがって，図 2-7 のように，LM 曲線が右にシフトし，国民所得が増える。生産の拡大により雇用も増える。宣言するだけで雇用が増えるなんて何かおかしい。何が間違っているのか。

　千円を 1 万円とよぶのであれば，千円だった財の価格は 1 万円になる。時給千円の労働者の時給は 1 万円になる。貨幣の金額表示が 10 倍になるだけ

で，取引される財の生産量は変わらない。したがって，雇用量も変わらない，と考えるのが自然である。IS–LM 分析は，財と貨幣という 2 つの市場を考えているが，財と貨幣の相対価格を表す物価水準が一定であると暗黙に仮定している。物価水準をモデルに組み入れ，国民所得 Y，利子率 r，物価水準 P の 3 つのマクロ変数を同時に決定するモデルが，AD–AS 分析である。

● 総需要曲線（AD 曲線）

財市場と貨幣市場を同時に均衡させる国民所得と物価水準の組合せ (Y, P) の軌跡を，総需要曲線（AD 曲線）という。定義から明らかなように，AD 曲線の背後にあるのは，IS 曲線と LM 曲線である。

$$IS \text{ 曲線} \quad Y = C(Y, T) + I(r) + G + NX \tag{2.14}$$

$$LM \text{ 曲線} \quad \frac{M}{P} = L_1(Y) + L_2(r) \tag{2.15}$$

（2.14）式は，財市場均衡式である。便宜上，消費関数を一般化してある。（2.15）式は，物価を考慮したときの貨幣市場均衡式である。M は名目貨幣供給，P は物価水準を表しており，左辺の M/P を，実質貨幣供給という。たとえば，$M = 100$ 兆円，$P = 1$ とすると，実質貨幣供給は，$M/P = 100$ 兆円である。貨幣の金額表示を 10 倍にするという上の例では，$M = 1000$ 兆円，$P = 10$ となる。つまり，$M/P = 100$ 兆円となり，実質貨幣供給は変わらない。右辺の貨幣需要は，見かけ上，IS–LM 分析と同じだが，意味は異なる。$L_1(Y)$ は，財の単位で測った取引需要，$L_2(Y)$ は，財の単位で測った資産需要であり，いずれも物価調整後の実質貨幣需要を意味している。

モデルの中で決まる変数は，Y, r, P の 3 つである。式が 2 本しかないので解くことはできないが，3 つのうちの 2 つの変数の関係式を求めることができる。たとえば，（2.14）式を r について解くと，$r = r(Y)$ という関数が得られる。これを（2.15）式に代入すると，$P = P(Y)$ という関数が得られる。この国民所得 Y と物価水準 P の関係式をグラフにしたものが AD 曲線である。

図2-8 AD曲線

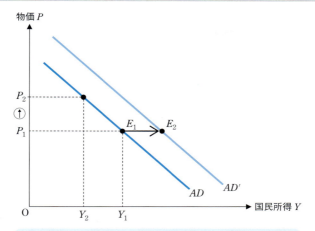

AD曲線は（1）右下がり，（2）政府支出Gを増やすと右にシフトし，（3）名目貨幣供給Mを増やすと右にシフトする。

　AD曲線には，（1）右下がり，（2）政府支出Gを増やすと右にシフトする，（3）名目貨幣供給Mを増やすと右にシフトする，という性質がある。

　まず，（1）右下がりである理由を説明する。物価水準を固定し，$P=P_1$（一定）とする。物価が一定なので，IS–LM分析の世界に戻る。(2.14)，(2.15)式が同時に成立するような国民所得と利子率が一意に決まる。均衡国民所得をY_1とおく（図2-8）。次に，何らかの理由で，物価水準が$P_1 \to P_2$へと上昇したとしよう。どのような変化が生じるのかは，IS–LM分析のロジックをそのまま利用すればよい。名目貨幣供給Mが一定の下では，物価上昇により実質貨幣供給M/Pが減少する。つまり，金融引き締め効果と同じ効果を持つ。LM曲線が左にシフトする。均衡が左上に移動する。つまり，国民所得が減り，利子率が上昇する（$Y_1 \to Y_2$）。物価Pが上昇すると，国民所得Yが減少する。したがって，AD曲線は右下がりである。

　次に，（2）政府支出Gを増やすと，AD曲線が右にシフトすることを説明する。物価水準を，$P=P_1$（一定）とする。物価が一定なので，IS–LM分析

の世界に戻る。政府支出を増やすと，IS 曲線が右にシフトする。LM 曲線は不変。均衡が右上に移動する。国民所得が増加し，利子率が上昇する。図では，$E_1 \to E_2$ のような変化が生じることを意味する。次に，P_1 の値をいろいろ変えたときに，国民所得にどのような変化が生じるのかを調べる。定性的には同じ変化が生じるので，AD 曲線上の各点が右に移動する。移動後の点を結んだものが AD' である。図から分かるように，政府支出を増やすと AD 曲線が右にシフトする。

最後に，（3）名目貨幣供給 M を増やすと，AD 曲線が右にシフトすることを説明する。再び，物価水準を，$P = P_1$（一定）とする。名目貨幣供給を増やすと，LM 曲線が右にシフトする。IS 曲線は不変。均衡が右下に移動する。国民所得が増加し，利子率が低下する。政府支出のときと同様に，$E_1 \to E_2$ のような変化が生じる。次に，P_1 の値をいろいろ変えて，国民所得がどのように変化するのかを調べると，AD 曲線上の各点が右に移動することが分かる。移動後の点を結ぶと，AD' のような曲線が得られる。したがって，名目貨幣供給を増やすと AD 曲線が右にシフトする。

AD 曲線とは，財市場と貨幣市場を同時に均衡させる国民所得と物価水準の組合せ (Y, P) の軌跡である。モデルの中で決まる変数は，国民所得，利子率，物価水準の3つ，市場均衡式は財と貨幣の2本なので，均衡を求めることができない。もう1つ，物価の影響を受ける市場を考える必要がある。もう1つの市場とは，労働市場である。

● 3つの市場の同時均衡

労働市場を均衡させる国民所得と物価水準の組合せ (Y, P) の軌跡を，総供給曲線（AS 曲線）という。後に説明するように，AS 曲線は右上がりの部分と垂直線の部分で構成される。AD 曲線は右下がりなので，2つの曲線を1つの座標平面上に重ねると，見慣れた図を描くことができる（図 2-9）。図の点 E が均衡における国民所得と物価水準を表している。ここで，AD–AS 分析における均衡とは，定義より，財，貨幣，労働という3つの市場が同時

図 2-9 AD–AS 分析

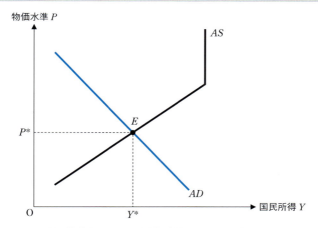

AD 曲線は，財市場と貨幣市場を同時に均衡させる国民所得と物価水準の組合せ (Y,P) の軌跡を表す。
AS 曲線は，労働市場を均衡させる (Y,P) の軌跡を表す。
交点 E では，財，貨幣，労働の 3 つの市場が均衡する。

に均衡していることを意味している。

● 労 働 需 要

まず，労働需要を導出する。図 2-1 のようなマクロ生産関数を考える。この技術の下で財を生産する仮想的な企業を想定すると，企業利潤 π は，

$$\pi = Pf(L) - WL$$

で与えられる。L は労働，P は物価水準，W は名目賃金率を表す。第 1 項の $Pf(L)$ は売上を，第 2 項の WL は費用を表す。利潤最大化の条件は，$d\pi/dL = Pf'(L) - W = 0$，すなわち，

$$f'(L) = \frac{W}{P} \tag{2.16}$$

で与えられる。左辺の $f'(L)$ は，労働を 1 単位追加するときの生産量の増分を表す。労働の限界生産力という。右辺の W/P は，実質賃金率を表す。(2.16) 式から，労働需要関数

$$L^D = L^D \left(\frac{W}{P} \right) \tag{2.17}$$

が得られる。労働の限界生産力 $f'(L)$ は，正かつ逓減的なので，労働需要は，実質賃金率の減少関数である。

● 労 働 供 給

次に，労働供給を考える。労働者は，名目賃金 W に反応して，労働供給を決めると仮定する。企業の利潤最大化行動から推察されるように，合理的な行動と整合的なのは，名目賃金率 W への反応ではなく，実質賃金率 W/P への反応である。その意味で，ここで想定する労働者は必ずしも合理的ではない。貨幣錯覚という。

労働供給関数を次式で定義する。

$$L^S(W) = \begin{cases} 0 & W < W^F \\ any & \text{if} \quad W = W^F \\ L^F & W > W^F \end{cases} \tag{2.18}$$

W^F は，相場の名目賃金率を表す定数である。L^F は，完全雇用水準を表す。(2.18) 式は，以下のような労働者の意思決定を意味する。(1) 名目賃金率が相場の水準ならば，働いてもいい。(2) 相場を下回るようなら働かない。(3) 相場を上回るときは，フルに働く。(2.18) 式を図示したのが，図2-10 である。$W = W^F$ で水平となるのは違和感があるかもしれないが，右上がりの曲線を仮定しても結論は変わらない。重要な仮定は，労働者が実質賃金率ではなく，名目賃金率に反応するという貨幣錯覚の仮定である。

図 2-10　労働供給曲線

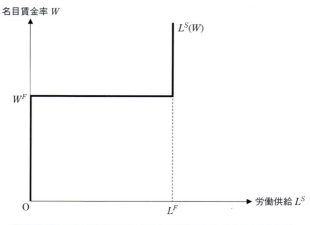

W^F は相場の名目賃金率（一定），L^F は完全雇用水準を表す。

● 労働市場

　（2.17）式で表される労働需要曲線 L^D と，（2.18）式で表される労働供給曲線 L^S を同じ座標平面に描いたのが図 2-11 である。2 つの曲線の交点が，均衡における名目賃金と雇用量を表している（たとえば，点 A）。労働供給は物価水準と独立であるが，労働需要は物価水準に依存する。図では，物価水準が $P_1 \rightarrow P_2 \rightarrow P_3$ と上昇する状況を表している。企業は実質賃金率にもとづいて労働を需要する。ある名目賃金率 W の下で，物価水準が上昇すると，実質賃金率が低下する。労働が相対的に安価になるため，企業は雇用を拡大する。つまり，物価が上昇するとともに，労働需要曲線が右にシフトする。

● 総供給曲線（AS 曲線）

　労働市場の均衡にもとづいて物価水準 P と生産量 Y の関係を図示したのが，図 2-12 である。総供給曲線（AS 曲線）という。まず，物価水準が $P_1 \rightarrow P_2$ と上昇するときを考える。労働市場を均衡させる名目賃金率は W^F で一定であるが，均衡は点 A から点 B に移動し，雇用が増加する。このと

図 2-11 労働市場

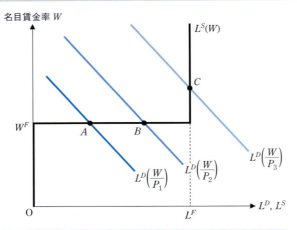

物価水準　$P_1<P_2<P_3$
物価水準が上昇すると，労働需要曲線 L^D が右にシフトする。

図 2-12 AS 曲線

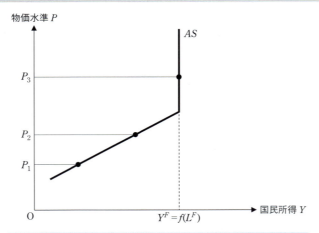

労働市場で非自発的失業が生じているとき，AS 曲線は右上がり。
完全雇用が達成されているとき AS 曲線は垂直。

き，マクロ生産関数のグラフに沿って生産量 Y が増加する（図 2-1）。したがって，物価水準 P と生産量 Y の関係は右上がりである。次に，物価水準が $P_2 \rightarrow P_3$ へと上昇するケースを考える。最初は雇用の拡大とともに生産量が増加する。しかし，雇用の上限である完全雇用水準 L^F に達した時点で，雇用は増えず，名目賃金率が上昇し始める。生産量は，$f(L^F)$ で一定なので，AS 曲線は垂直になる。

AS 曲線が右上がりの部分では，労働市場の均衡雇用量が L^F を下回っている。名目賃金率 W^F の下で，働きたいと思っている労働者が雇用の機会を失われている。非自発的失業という。労働市場に限れば，非自発的失業を減らすための政策とは，物価を上昇させる政策である。物価が上昇し，実質賃金率が下がれば，企業側に雇用を増やそうとするインセンティブが生じるからである。

図 2-8 の AD 曲線と図 2-12 の AS 曲線を同じ座標平面に描いたものが図 2-9 である。交点 E において，均衡国民所得と均衡物価水準が決定する。また，(2.14) 式から，均衡利子率が決定する。物価水準が決まると労働需要曲線が決まるので，労働市場において名目賃金率と雇用が決定する。図のように，AD 曲線が AS 曲線の右上がり部分で交わっているとき，非自発的失業が存在する。垂直部分で交わっているときは完全雇用が達成されている。

● 財政政策の効果

政府支出 G を増やすと，AD 曲線が右にシフトする。交点は，AS 曲線に沿って右上に移動する。国民所得は増加し，物価水準は上昇する。労働市場において，労働需要曲線が右にシフトする。雇用が増え，非自発的失業が減少する。AD 曲線が AS 曲線の垂直部分で交わっているとき，政府支出 G を増やしても国民所得は変わらない。物価水準が上昇するだけである。労働市場では，労働需要曲線 L^D が労働供給曲線 L^S の垂直部分で交わっている。物価水準の上昇とともに労働需要曲線が右にシフトし，名目賃金率 W が上昇する。

図 2-13　IS–LM 分析と AD–AS 分析

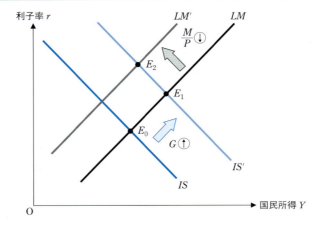

　AD–AS 分析と IS–LM 分析の政策効果の違いは，物価水準の変化である。物価水準が一定である IS–LM 分析では，財政政策の効果は IS 曲線の右シフトのみである。これに対し，AD–AS 分析では，物価水準の上昇により，LM 曲線もシフトする。これを図示したのが図 2-13 である。

　図の点 E_0 が政策導入前の均衡を表し，点 E_1 が IS–LM 分析における均衡，点 E_2 が AD–AS 分析における均衡を表す。政府支出 G を増やすと IS 曲線が右上にシフトする。均衡が $E_0 \to E_1$ に移動する。さらに，物価水準 P が上昇すると，実質貨幣供給 M/P が減少する。したがって，LM 曲線が左上にシフトする。$E_1 \to E_2$ への移動が物価水準の効果を表している。図から分かるように，点 E_2 では点 E_1 よりも国民所得が少なく，利子率が高い。その理由は，財政政策が物価を押し上げ，貨幣の価値を下げることで，金融引き締めと同等の効果を生み出すからである。

● 金融政策の効果

　名目貨幣供給 M を増やすと，AD 曲線が右にシフトする。交点は，AS 曲線に沿って右上に移動する。国民所得は増加し，物価水準は上昇する。定性

的には，財政政策と同じである。*AD–AS* 分析での金融政策の効果は，*IS–LM* 分析の効果に物価水準の効果が追加される。*IS–LM* 分析では，*LM* 曲線の右シフトのみである。*AD–AS* 分析では，上述のように，実質貨幣供給の減少により *LM* 曲線が左にシフトする。*IS* 曲線は不変である。*LM* 曲線の右シフトが抑えられる分，*AD–AS* 分析の方が政策効果が小さくなる。

■ 2.7 おわりに

　本章では，短期的に雇用を改善するための政策を，マクロ経済モデルを用いて分析した。雇用と生産量の間に右上がりの関係がある以上，生産量を増やす政策こそが雇用を増やす政策である。もっとも単純なモデルは，財市場だけを考えた 45 度線分析である。

　次に，利子率を内生化することで，財市場と貨幣市場という 2 つの市場の同時均衡を分析した。*IS–LM* 分析という。さらに，物価水準を内生化し，財，貨幣，労働という 3 つの市場の同時均衡を分析した。*AD–AS* 分析という。いずれのモデルにおいても，政府支出を増やすという財政政策は国民所得を増やし，雇用を改善することが示された。また，金融政策も雇用に関しては定性的に同じ効果を持つことが分かった。

　マクロ経済モデルを高度化，複雑化するのは，政策効果を定量的に分析するためである。経済分析を現実の政策に反映させるためには，理論モデルの開発と合わせて，実証研究の蓄積が不可欠である。

◆ 練 習 問 題

1. 次の言葉の意味を説明せよ。

　(1) IS 曲線　　　(2) 貨幣の資産需要　　　(3) 総需要曲線 (AD 曲線)

2. 以下のマクロモデルを考える。

$$財市場均衡式　Y = C + I + G$$

$$消費関数　C = \frac{3}{4}(Y - T)$$

ただし，Y は国民所得，C は消費，I は投資，G は政府支出，T は税である。

　このとき，以下の問いに答えよ。

(1) 政府支出乗数，減税乗数をそれぞれ求めよ。

(2) $I = 100$, $G = 80$, $T = 100$ のときの均衡国民所得を求めよ。

(3) 租税関数が

$$T = \frac{1}{3}Y$$

であるとき，政府支出乗数を求めよ。

(4) (3) の下で，$I = 100$, $G = 80$ のときの均衡国民所得を求めよ。

3. 以下のマクロモデルを考える。

$$財市場均衡式　Y = C + I + G$$

$$消費関数　C = 0.6Y$$

$$投資関数　I = 160 - 10r$$

$$貨幣市場均衡式　M = 0.4Y - 10r$$

ただし，Y は国民所得，C は消費，I は投資，G は政府支出，r は利子率，M は貨幣供給である。

　このとき，以下の問いに答えよ。

(1) $G = 80$, $M = 160$ のとき，IS 曲線，LM 曲線の式をそれぞれ求めよ。

(2) (1) のときの均衡国民所得，均衡利子率を求めよ。

(3) 貨幣供給を一定に保ちながら政府支出を $G = 100$ まで増やすとする。均衡国民所得，均衡利子率を求めよ。

(4) 政府支出を一定に保ちながら貨幣供給を $M = 180$ まで増やすとする。均衡国民所得，均衡利子率を求めよ。

4. 次の文を読んで，下の問いに答えよ。

　IS 曲線は，（　ア　）市場を均衡させる国民所得と（　イ　）の組合せを図示したものである。*LM* 曲線は，（　ウ　）市場を均衡させる国民所得と（　イ　）の組合せを図示したものである。国民所得を横軸に，（　イ　）を縦軸にした平面において，*IS* 曲線は右下がり，*LM* 曲線は（　エ　）である。

　IS 曲線が右下がりである理由を説明しよう。何らかの理由で（　イ　）が低下したとしよう。このとき，（　オ　）関数の性質から，（　オ　）が増加する。このとき，（　オ　）の乗数効果により，国民所得が増加する。したがって，（　イ　）と国民所得は逆方向に動くので，*IS* 曲線は右下がりである。

　IS 曲線と *LM* 曲線の交点が均衡国民所得，均衡（　イ　）である。財政政策，金融政策の効果は，それぞれ，均衡における政府支出，貨幣供給の比較静学により分析できる。

　政府支出が増えると，（　カ　）曲線が右にシフトする。その理由はこうである。（　イ　）がある水準で一定であると仮定しよう。このとき，政府支出が増えると，乗数効果により，国民所得が増加する。これは，（　イ　）がどのような水準であったとしても成立する。したがって，（　カ　）曲線全体が右にシフトする。

　政府支出が増えても（　キ　）曲線は不変である。したがって，政府支出が増えると，均衡点が（　ク　）に移動する。すなわち，財政政策により国民所得は増加し，（　イ　）は（　ケ　）する。結果として，（　オ　）が減少する。財政政策により（　オ　）が減る効果を（　コ　）効果という。

　貨幣供給が増えると，（　サ　）曲線が右下にシフトする。（　シ　）曲線は不変である。したがって，均衡点は（　ス　）に移動する。すなわち，金融緩和政策により国民所得は増加し，（　イ　）は（　セ　）する。

(1) 文中の（　ア　）〜（　セ　）に入るもっとも適切な語句を答えよ。ただし，同じ語句を入れてもよい。

(2) *LM* 曲線が（　エ　）である理由を，説明せよ。

(3) （　オ　）の乗数効果とは何か，説明せよ。

(4) 貨幣供給が増えたとき，（　サ　）曲線が右下にシフトする理由を，説明せよ。

5. *AD–AS* 分析における財政政策の効果を，*IS–LM* 分析との違いを明確にしながら

説明せよ。ただし，以下の語句をすべて用いること（必要に応じてグラフを用いてもよい）。

（語句）　政府支出，*AD* 曲線，*AS* 曲線，国民所得，物価水準，実質貨幣供給，貨幣の資産需要，利子率，投資，クラウディングアウト

第 **3** 章

厚生経済学の定理

■ Introduction

　経済学の美しい定理の一つに，厚生経済学の定理がある。厚生経済学の定理は，次の 2 つから成る。

第 1 定理　完全競争均衡はパレート最適である。

第 2 定理　適当な所得再分配政策の下で，すべてのパレート最適は，完全競争均衡として達成できる。

　第 1 定理は，市場メカニズムの優位性を示す。第 2 定理は，所得再分配の有効性を効率性の観点から示す。以下，用語の意味を説明しながら，2 つの定理を証明する。最後に，定理の政策的意味を述べる。

■ 3.1　完　全　競　争

次の 4 つの条件を満たす市場を，完全競争市場という。

　1. 多数の消費者，多数の生産者

　2. 製品差別化がない

　3. 参入退出の自由

　4. 完全情報

条件 1 は，個々の経済主体が意思決定をする際に，自分の決定が価格に影

響を与えないだろうと考えて行動することを意味する。プライステイカーの仮定という。条件 2 は，個々の財について，どの企業が生産したのかについて，消費者が無頓着であることを意味する。条件 3 は，経済主体の自由意思に関わるものである。たとえば，廃業の際は通常，回収できない費用（サンクコスト）が生じるが，無視できるほど小さいか，レンタル市場により回収可能であると仮定する。条件 4 は，一物一価の原則が成立することを意味する。同質の財は，1 つの市場価格で取引される。なぜなら，条件 2 の下で，消費者はもっとも安い価格で買おうとし，かつ，条件 4 の下で，どの企業がもっとも安い価格で売ろうとしているのかを知っているからである。

条件 1 では，消費者の数が十分大きいことを仮定しているが，数そのものは本質的ではない。重要なのは，各経済主体がプライステイカーとして行動するという点である。

■3.2　パレート最適

ある配分を変更することにより，(1) 誰も損をせず，(2) 少なくとも 1 人が得をするとき，この変更はパレート改善であるという。これ以上パレート改善できないような配分を，パレート最適という。

パレート最適の意味を，簡単な数式と図を用いて説明しよう。いくつかの財が既に生産されており，これらを各個人に配分する問題を考える[1]。

簡単化のため，2 財 $i = 1, 2$，2 個人 $j = A, B$ からなる経済を考える。財 1 の総量を 100，財 2 の総量を 200 とする。また，個人 j への財 i の配分を x_i^j と表すとする（表 3-1）。

各財を残さずに配分すると仮定すると，

1　生産を考慮しても結果は変わらない。

46 ● 第 3 章　厚生経済学の定理

表 3-1　財の総量と配分

	財 1	財 2
個人 A	x_1^A	x_2^A
個人 B	x_1^B	x_2^B
総量	100	200

図 3-1　エッジワース・ボックス

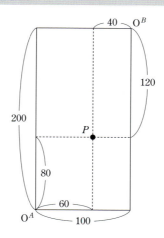

$$x_1^A + x_1^B = 100 \tag{3.1}$$
$$x_2^A + x_2^B = 200 \tag{3.2}$$

が成り立つ。

　図 3-1 は，すべての配分の可能性を図示したものである。**エッジワース・ボックス**という。長方形の横の長さは財 1 の総量 100，縦の長さは財 2 の総量 200 である。左下の点 O^A は個人 A の原点を，右上の点 O^B は個人 B の原点を表す。

　すべての配分は，長方形の内部および周上の点で表される。たとえば，図中の P は，財 1 を個人 A に 60，個人 B に 40 だけ配分し，財 2 については，

図 3-2 パレート改善とパレート最適

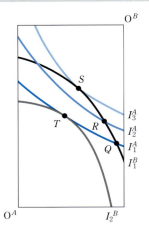

個人 A に 80, 個人 B に 120 だけ配分したことを意味している。個人 A の視点では，左下の O^A を原点として，$(60, 80)$ という座標で配分が表現される。個人 B については，右上の O^B を原点として，$(40, 120)$ という座標で配分が表現できる。個人によって，基準となる原点が異なる点に注意が必要である。

経済学の問題は，無数の点の中から，パレート最適である点を探し出すことである。そのためには，各個人の損得を測る尺度として，効用関数を用いる。

各個人の効用関数を，

$$u^A = U^A(x_1^A, x_2^A)$$
$$u^B = U^B(x_1^B, x_2^B)$$

とする。

図 3-2 は，各個人の無差別曲線を図示したものである。個人 A の無差別曲線 I^A は，右下がりで，左下の原点 O^A に関して凸である。個人 B の無差別曲線 I^B は，個人 A の無差別曲線を 180 度回転したような形状であり，右下がりで右上の原点 O^B に関して凸である。

この図を用いて，パレート改善とパレート最適の意味を考える。最初の配

分が図の点 Q であったとしよう。このとき，配分 R への変更はパレート改善である。その理由はこうである。2 点 Q, R は個人 B の無差別曲線 I_1^B 上にあるから，個人 B にとっては，配分の変更は損でも得でもない。個人 A から見ると，点 R は無差別曲線 I_1^A の右上にあるので，Q よりも R の方が良い。つまり，(1) 誰も損をせず，(2) 少なくとも 1 人が得をするので，パレート改善である。

　点 R では，点 Q と同様に，各個人の無差別曲線が交わっているため，パレート改善の余地がある。たとえば，無差別曲線が接する点 S への配分の変更は，個人 B にとっては無差別だが，個人 A の効用を上げるので，パレート改善である。

　点 S はパレート最適である。その理由はこうである。点 S よりも右上に配分を変更すると，個人 A の効用は上がるが，個人 B の効用は下がる。(1) 誰も損をしないに反するので，この変更はパレート改善ではない。同様に，左下への変更もパレート改善ではない。また，左上の無差別曲線へのすき間への変更もパレート改善ではない。両者の効用がともに下がるからである。同様に，右下の無差別曲線のすき間への変更もパレート改善ではない。以上をまとめると，点 S からどの点に再配分してもパレート改善にはならないので，点 S はパレート最適である。

　標準的な選好を仮定すると，個人 B の無差別曲線 I_1^B 上のパレート最適は点 S だけである。同じように考えると，個人 B の別の無差別曲線 I_2^B 上のパレート最適は点 T だけである。個人 B の無差別曲線は無数にあるので，効用水準 $\bar{u}^B$ を変化させたときの，無差別曲線の接点の軌跡を描くことで，パレート最適の集合が得られる。この曲線は，契約曲線とよばれている（図3-3）。

　契約曲線の式は，(3.1)，(3.2) 式，および，

$$MRS^A(x_1^A, x_2^A) = MRS^B(x_1^B, x_2^B) \tag{3.3}$$

から求めることができる。ここで，$MRS^j(x_1^j, x_2^j)$ は，個人 j の配分 (x_1^j, x_2^j) に

図 3-3 契約曲線

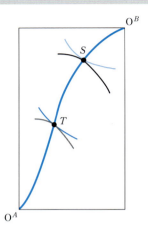

おける**限界代替率**（Marginal rate of substitution, *MRS*）を表す。限界代替率とは，財 1 を 1 単位追加的にもらえるならば，手放してもよいと思う財 2 の数量を表している。つまり，財 2 で測った財 1 の主観的な価値を表している。図形的には，配分 (x_1^j, x_2^j) を通る無差別曲線の接線の傾きの絶対値を表す。(3.3) 式は，ある配分において，両者の無差別曲線が互いに接していることを意味している。なお，限界代替率は，数学的には，

$$MRS^j(x_1^j, x_2^j) = \frac{U_1^j(x_1^j, x_2^j)}{U_2^j(x_1^j, x_2^j)} \tag{3.4}$$

を用いて求めることができる。ここで，$U_i^j = \partial U^j / \partial x_i^j$ は，個人 j の財 i に対する**限界効用**を表す。

図 3-3 から分かるように，配分がパレート最適であるからといって，公平かどうかは不明である。たとえば，点 S では個人 A の取り分がかなり多く，公平な配分とはいえないだろう。契約曲線上の点の中から，さらに望ましい点を探し出すためには，パレートの基準以外の何らかの価値基準が必要である。

■ 3.3 純粋交換経済

　最初の配分がたまたま契約曲線上にあったとする。このときは，パレートの意味で最適であるという理由で，これ以上の再配分は考えないことにしよう。経済学的に大切なのは，最初の配分が契約曲線上になかったときに，契約曲線上のどこかの点に配分を変更するような仕組みを作れないかということである。もっとも単純な方法は，社会計画者を立てることである。社会計画者がすべての資源を管理し，契約曲線上のどこか—たとえば，点 S—に配分を決めれば，最初の配分とは関係なく，パレート最適が達成できる。

　経済学者は，どちらかというと，より分権的な仕組みを好む傾向がある。直観的なアイディアは，市場メカニズム，あるいは価格調整メカニズムである。財の価格が与えられたとしよう。個人は，必要に応じて自主的に取引を行うだろう。取引をしないことがデフォルトなので，取引が成立したということは，個人に何らかの利益が生じたはずである。これは，取引に参加したすべての個人に当てはまる。つまり，（1）誰も損をせず，（2）少なくとも1人が得をするので，取引という行為はパレート改善である。だとすると，すべての取引が行われた後では，財の配分は契約曲線上のどこかにあるのではないか，というのが直観的なアイディアである。生産を考慮せずに，手持ちの財の取引だけを考えるような経済を，純粋交換経済という。

■ 3.4 数式による説明

　前節の仕組みを，数式を用いて説明しよう。初期賦存量（最初の配分）が，表 3-2 の通りであるとする。財 i の価格を $p_i > 0$ とすると，手持ちの財を売

表 3-2 初期賦存量

	財 1	財 2
個人 A	100	50
個人 B	0	150
総量	100	200

ることで得られる所得は，個人 A が $100p_1 + 50p_2$，個人 B が $150p_2$ である。次に，各個人は，必要に応じて，財を買い戻すと考える。個人 j の財 i の需要を x_i^j とすると，各個人の予算制約式は，

$$100p_1 + 50p_2 = p_1 x_1^A + p_2 x_2^A \tag{3.5}$$

$$150p_2 = p_1 x_1^B + p_2 x_2^B \tag{3.6}$$

と表すことができる。

次に，主体的均衡を導出する。主体的均衡とは，与えられた価格の下で選択可能な財の組合せの中から，各経済主体がもっとも望ましいものを選択している状態を意味する。

個人 A の最適化問題は，次のように定式化できる。

$$\max_{x_1^A, x_2^A} u^A = U^A(x_1^A, x_2^A) \quad \text{s.t.} \quad 100p_1 + 50p_2 = p_1 x_1^A + p_2 x_2^A$$

ここで s.t.（subject to）は「以下の制約条件の下で（極大化または極小化する）」という意味である。

さらに，一般性を失うことなく，予算制約式の両辺を p_2 で割り，$p = p_1/p_2$ を用いて分析する。

$$\max_{x_1^A, x_2^A} u^A = U^A(x_1^A, x_2^A) \quad \text{s.t.} \quad 100p + 50 = p x_1^A + x_2^A \tag{3.7}$$

価格比 $p = p_1/p_2$ のことを，財 1 の相対価格という。財 1 の相対価格は，

財2で測った財1の市場価値を表している。たとえば，財1をリンゴ，財2
をみかんとし，リンゴの価格が200円，みかんの価格が100円であるとしよ
う。明らかに，リンゴ1個の市場価値は，みかん2個分である。この2とい
う数は，価格比 $p_1/p_2 = 2$ から得られるものである。

最適化の条件は，

$$MRS^A(x_1^A, x_2^A) = p \qquad (3.8)$$

である。

(3.7)，(3.8) 式を，x_1^A, x_2^A の連立方程式とみなして解くことにより，個人
A の需要関数 $x_1^A(p)$, $x_2^A(p)$ が得られる。

個人 B の最適化問題は，次のように定式化できる。

$$\max_{x_1^B, x_2^B} u^B = U^B(x_1^B, x_2^B) \quad \text{s.t.} \quad 150 = px_1^B + x_2^B \qquad (3.9)$$

最適化の条件は，

$$MRS^B(x_1^B, x_2^B) = p \qquad (3.10)$$

である。

上と同様にして，(3.9)，(3.10) 式から，個人 B の需要関数 $x_1^B(p)$, $x_2^B(p)$
が得られる。

最後に，市場均衡を考える。市場均衡とは，経済全体の需要と供給が一致
する状態を意味する。

財1の市場均衡条件は，

$$x_1^A(p) + x_1^B(p) = 100 \qquad (3.11)$$

であり，財2の市場均衡条件は，

$$x_2^A(p) + x_2^B(p) = 200 \qquad (3.12)$$

である。

（3.11）式を，価格比 p の方程式とみなして解くことにより，均衡価格比 $p^* = (p_1/p_2)^*$ が決まる。これを需要関数に代入することにより，各個人の均衡需要量 $x_i^j(p^*)$ が決まる。純粋交換経済における取引とは，次のようなものである。均衡価格比 p^* の下で，個人 A は，財 1 を $100 - x_1^A(p^*)$ だけ売却し，財 2 を $x_2^A(p^*) - 50$ だけ購入する。個人 B は，財 2 を $150 - x_2^B(p^*)$ だけ売却し，財 1 を $x_1^B(p^*)$ だけ購入する。

さて，市場均衡は，パレート最適だろうか。答えはイエス。（3.8），（3.10）式から，（3.3）式が成立する。また，（3.11）式は（3.1）式と，（3.12）式は（3.2）式と一致する。したがって，市場均衡は契約曲線上にあり，パレート最適である。以上から，厚生経済学の第 1 定理が証明された。

● ワルラス法則

ここでは，均衡価格比 p^* を（3.11）式から導出した。財 2 の市場均衡条件である（3.12）式から均衡価格比を導出した場合，異なる結果が得られるのだろうか。答えはノーである。（3.11）式から得られる均衡価格比 p^* の下で，（3.12）式も成立することを示すことができる[2]。数学の言葉でいうと，（3.11）式と（3.12）式は独立ではない。一般に，n 個の市場があり，ある価格体系の下で，$(n-1)$ 個の市場が均衡しているとき，この価格体系の下で，残りの 1 つの市場も均衡する。ワルラス法則という。

2　（3.5），（3.6）式の辺々を加えると，

$$100p + 200 = p(x_1^A + x_1^B) + x_2^A + x_2^B$$

が得られる。

　均衡価格比の下では，

$$100 = x_1^A + x_1^B$$

が成立するので，これを代入すると，

$$200 = x_2^A + x_2^B$$

が得られる。

■3.5 図による説明

　上述の数式で表現された経済を，エッジワース・ボックスを用いて説明する。

　まずはじめに，予算制約式のグラフである予算線を図示する。(3.5) 式は，$p = p_1/p_2$ を用いると，

$$x_2^A = -p(x_1^A - 100) + 50$$

と変形できる。個人 A の予算線は，O^A を原点として，点 $E(100, 50)$ を通り，傾きが $-p$ の線分である（図 3-4）。点 E は取引を行わない場合の配分を表す。財1の相対価格が p であるということは，財1を1単位手放せば，財2を p 単位入手できることを意味する。仮に，手持ちの 100 単位の財1をすべて手放せば，手持ちの財2は，$50 + 100p$ 単位になる。取引の機会が与えられることで，点 E から線分 EF 上の任意の配分に変更することが可能となる。

　次に，個人 B の予算制約式である (3.6) 式を図示する。個人 B の元々の原点は，右上の O^B である。しかし，(3.1)，(3.2) 式を用いて，変数をすり替えることで，左下の O^A を原点とする平面上で考えることができる。

$$150 = px_1^B + x_2^B$$
$$\Leftrightarrow \quad 150 = p(100 - x_1^A) + (200 - x_2^A)$$
$$\Leftrightarrow \quad x_2^A = -p(x_1^A - 100) + 50$$

　このことから，個人 B の予算線は，個人 A の予算線と一致することが分かる。O^B を原点として見ると，個人 B の初期賦存は $E(0, 150)$ である。交換により，財2を p 単位手放せば，財1を1単位入手できる。つまり，点 O^B

図 3-4 予 算 線

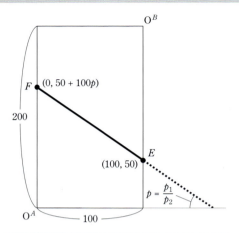

個人 A の予算線と個人 B の予算線は一致する。

から見ても，個人 B の可能な配分は，点 E を通る傾き $-p$ の線分で表されるので，両者の予算線は一致する。

図 3-5 は，主体的均衡を図示したものである。I^A は個人 A の無差別曲線，I^B は個人 B の無差別曲線である。線分 EF 上の配分の中で，個人 A の効用が最大となるのは点 P であり，個人 B の効用が最大となるのは点 Q である。点 P の座標は，上で求めた個人 A の需要関数を用いると，$(x_1^A(p), x_2^A(p))$ と表せる。同様に，点 Q の座標は，O^B を原点として，$(x_1^B(p), x_2^B(p))$ である。

図で横方向の長さを調べると，財1の総需要について，

$$x_1^A(p) + x_1^B(p) > 100$$

が成り立つことが分かる。縦方向の長さを調べると，財2の総需要については，

$$x_2^A(p) + x_2^B(p) < 200$$

が成立する。つまり，図の価格比 p の下で，財1については超過需要，財2

図 3-5　主体的均衡

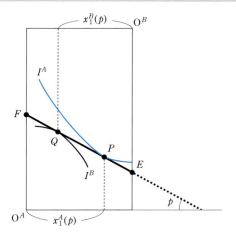

については超過供給が生じている。したがって，ワルラスの調整過程を仮定すると，財 1 の相対価格である p の値が大きくなる[3]。財 1 が相対的に割高になるので，財 1 の総需要は減少し，財 2 の総需要は増加する。図形的には，次の 2 つの変化が生じる。一つは，予算線の回転である。p は予算線の傾きの絶対値なので，p が大きくなるにつれて，予算線が点 E の周りを右回りに回転する。もう一つは，接点の位置の変化である。財 1 の需要が減るということは，点 P が線分上を左に移動し，点 Q が右に移動することを意味する。この 2 つの変化は，総需要と総供給が一致するまで継続する。

　図 3-6 は，完全競争均衡を図示したものである。点 R は，各個人の効用を最大にしているという意味で，主体的均衡の条件を満たす。また，各財の総需要と総供給が一致しているという意味で，市場均衡の条件を満たす。共通接線の傾きの絶対値 p^* が均衡価格比である。価格比 p^* の下で，e_1^* 単位の財 1 が個人 A から個人 B へ，e_2^* 単位の財 2 が個人 B から個人 A へと移転さ

---
[3]　第 5 章 1 節「市場均衡と安定性」90 ページを参照。

図 3-6　完全競争均衡

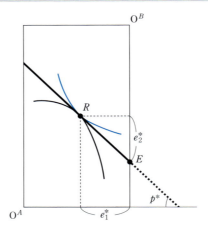

れる。この交換により，初期の配分 E が点 R に変更される。図から明らかなように，点 R はパレート最適である。したがって，厚生経済学の第 1 定理が成立することが分かる。

■ 3.6　厚生経済学の第 2 定理

　前節のロジックをまとめると次のようになる。まず，初期の配分 E が与えられる。次に，与えられた価格比 $p = p_1/p_2$ の下で，主体的均衡点 P, Q が決まる。最後に，ワルラス的調整を通して均衡価格比 p^* が決まり，取引が実行され，パレート最適点 R への配分の変更が実現する。

　このロジックを遡って見ることで，パレート最適点 R に変更された初期の配分が，ボックス内のどこに存在するのかを類推することができる。図 3-6 を見ると，初期の配分 E は，点 R における 2 つの無差別曲線の共通接

図 3-7 所得再分配政策

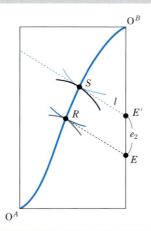

l は点 S における 2 本の無差別曲線の共通接線。
所得再分配 $E \to E'$ により，市場均衡として点 S が実現できる。

線上にある。したがって，この共通接線上の任意の初期配分はどれも，市場メカニズムを用いて，点 R に変更できるのではないかと考えられる。

　この考えを用いたものが，章の冒頭で述べた厚生経済学の第 2 定理である。図 3-7 において，目標とするパレート最適点を S とする。点 S では個人 A,B の無差別曲線が外接しているので，共通接線 l を引くことができる。必要な政策は，初期の配分 E を，l 上のある点 E' に変更することである。図では，個人 A から個人 B に，財 2 を e_2 単位移転している。いったん所得再分配政策を行ったら，あとは市場メカニズムに委ねる。前節と同じようにして，パレート最適点 S への配分の変更が実現する。このロジックは点 S の取り方に依存しない。違うのは，再分配のサイズだけである。点 S が点 R に近いときは，共通接線 l が点 E の近くにあるので，小さな再分配を行うだけで済む。点 S が点 R から離れているときは，大きな再分配が必要である。

3.6　厚生経済学の第 2 定理

■ 3.7 厚生経済学の定理の政策的意味

　市場経済を批判するとき，市場原理主義という言葉が用いられる。原理主義という言い回しが妥当かどうかは別として，おそらく厚生経済学の第1定理のことを指していると思われる。だとすれば，批判されるのは市場経済ではなく，厚生経済学の定理の仮定である。「現実の市場のほとんどは完全競争の仮定を満たさない。したがって，厚生経済学の定理そのものに意味がない」という批判であれば，論理的には筋が通っている。しかし，このような考え方は科学的ではない。現実の経済に近づけるために仮定を緩めたとき，厚生経済学の定理がどのように修正されるのかを地道に調べるのが，科学的態度である。また，「現実の経済を完全競争に近づければすべてうまくいく」という考えも短絡的過ぎる。規制緩和は万能薬ではない。必要な規制と不要な規制を見極めることが大切である。

◆ 練習問題

1. (1)「ある配分の変更がパレート改善である」とはどのような意味か。説明せよ。
(2)「ある配分がパレート最適である」とはどのような意味か。説明せよ。

2. 次の文を説明するのにふさわしい図を，図 1，図 2 に作図せよ。

　次の図は，2 財 $i=1,2$，2 個人 $j=A,B$ からなる交換経済を図示したものである。エッジワース・ボックスという。長方形の横の長さは財 1 の総量を，縦の長さは財 2 の総量を表す。左下の点 O^A は個人 A の原点を，右上の点 O^B は個人 B の原点を表す。図中の点 E は，各個人の初期賦存量を表す。点 E を通る線分は，各個人の予算線である。

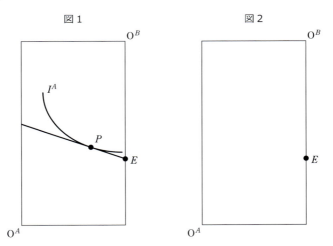

　図 1 は，各個人の主体的均衡を図示したものである。I^A は個人 A の無差別曲線を表しており，点 P は個人 A の主体的均衡点を表す。同様に，I^B は個人 B の無差別曲線を，点 Q は個人 B の主体的均衡点を表す。図より，財 1 は超過需要，財 2 は超過供給であることが分かる。

　ワルラス的調整を仮定すると，財 1 の相対価格を表す価格比 p_1/p_2 が上昇する。このとき，予算線は点 E の周りを回転する。

　図 2 は，市場均衡を図示したものである。市場均衡点 R では，両者の無差別曲線 I^A, I^B が互いに接しているので，パレート最適である。予算線の傾きの絶対値 $(p_1/p_2)^*$ が均衡価格比である。図から，均衡価格比の下で，個人 A は財 1 を x_1^* 単位

売却して財 2 を x_2^* 単位購入し，個人 B は財 2 を x_2^* 単位売却して財 1 を x_1^* 購入していることが分かる．

3．2 財 $i=1,2$，2 個人 $j=A,B$ からなる経済を考える．個人 A の効用関数を，$u^A = (x_1^A)^2 x_2^A$，個人 B の効用関数を，$u^B = x_1^B (x_2^B)^2$ とする．ここで，x_i^j は個人 j の財 i の消費量を表す．

財 1 の総量を 30，財 2 の総量を 45 とすると，次式が成り立つ．
$$x_1^A + x_1^B = 30$$
$$x_2^A + x_2^B = 45$$

このとき，以下の問いに答えよ．
(1) 契約曲線の式を求めよ．
(2) 横の長さ 30，縦の長さ 45 のエッジワース・ボックスの中に，契約曲線を図示せよ．

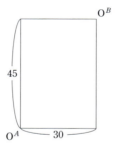

4．2 財 $i=1,2$，2 個人 $j=A,B$ からなる純粋交換経済を考える．各個人の初期賦存量は次のようであるとする．

	財 1	財 2
個人 A	60	30
個人 B	0	60
総量	60	90

各個人の効用関数を，
$$U^A(x_1^A, x_2^A) = x_1^A x_2^A$$
$$U^B(x_1^B, x_2^B) = x_1^B x_2^B$$
とすると，最適化問題は，

$$\max_{x_1^A, x_2^A} u^A = x_1^A x_2^A \quad \text{s.t.} \quad 60p_1 + 30p_2 = p_1 x_1^A + p_2 x_2^A$$

$$\max_{x_1^B, x_2^B} u^B = x_1^B x_2^B \quad \text{s.t.} \quad 60p_2 = p_1 x_1^B + p_2 x_2^B$$

と定式化できる。ここで，x_i^j は，個人 j の財 i の消費量を表し，p_i は財 i の価格を表す。

このとき，以下の問いに答えよ。

(1) 個人 A の需要 x_1^{A*}, x_2^{A*} を相対価格 $p = p_1/p_2$ を用いて表せ。

(2) 個人 B の需要 x_1^{B*}, x_2^{B*} を相対価格 $p = p_1/p_2$ を用いて表せ。

各財の市場均衡条件は次式で与えられる。

$$x_1^{A*} + x_1^{B*} = 60$$

$$x_2^{A*} + x_2^{B*} = 90$$

(3) 市場均衡における相対価格 p^* を求めよ。

(4) 均衡需要量 (x_1^{A*}, x_2^{A*})，(x_1^{B*}, x_2^{B*}) を求めよ。

(5) 個人 A, B の間でどのような取引がなされたのか説明せよ。

練 習 問 題 ● 63

第 **4** 章

所得再分配

■ **Introduction**

　前章の厚生経済学の第 2 定理にあるように，最終的な配分について何らかの国民の合意があるとき，いいかえると，社会的な望ましさについて何らかの基準があるとき，所得再分配政策は正当化される。1 節では，社会的な望ましさに関する代表的な 2 つの基準を紹介する。2 節では，所得格差の指標をいくつか紹介する。格差に対する考え方や感情は，人それぞれである。しかし，多くの国民が納得できる格差指標を作り，その指標を国民に提示することは，再分配政策に関わる公共部門の責務であるといえよう。

■ 4.1 　最適な所得分配

　本節では，ベンサム基準とロールズ基準という 2 つの異なる基準の下での最適な所得分配を考察する[1]。

● 社会厚生関数

　100 万円を 2 人の個人 $i = 1, 2$ に分配する問題を考える。個人 i の消費（所得）を c_i とすると，

1　Atkinson and Stiglitz（1980，2015）をベースにしている。

図 4-1 効用フロンティア

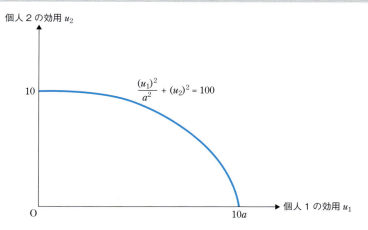

$$c_1 + c_2 = 100 \tag{4.1}$$

という関係式が成立する。消費は効用をもたらす。効用関数を，

$$u_1 = U_1(c_1) = a\sqrt{c_1} \tag{4.2}$$
$$u_2 = U_2(c_2) = \sqrt{c_2} \tag{4.3}$$

とする。$a \geqq 1$ は定数である。個人 1 の方が個人 2 よりも消費効用が大きいと仮定している。

(4.1), (4.2), (4.3) 式から，

$$\frac{(u_1)^2}{a^2} + (u_2)^2 = 100 \tag{4.4}$$

という関係式が得られる。(4.4) 式を平面 (u_1, u_2) 上に図示すると，だ円になる（図 4-1）。この曲線を**効用フロンティア**という。

次に，個人効用の分布を評価する関数

$$W = F(u_1, u_2) \qquad (4.5)$$

を考える。社会厚生関数という。社会厚生関数は，社会的な望ましさを数式で表現したものである。

分配に関する問題とは，(4.4) 式の制約の下で，(4.5) 式が最大となるような効用の組合せ (u_1^*, u_2^*) を求めることである。

● ベンサム基準

社会厚生関数を，

$$F(u_1, u_2) = u_1 + u_2 \qquad (4.6)$$

とする。ベンサム基準の社会厚生関数という。個人の総効用が最大となるような所得分配が望ましいという考えを反映している。

分配問題は次のように定式化される。

$$\max_{u_1, u_2} \ W = u_1 + u_2 \quad \text{s.t.} \quad \frac{(u_1)^2}{a^2} + (u_2)^2 = 100 \qquad (4.7)$$

図 4-2 は，(4.7) 式の分配問題を図示したものである。社会厚生 $\overline{W}$ を達成する効用の組合せ (u_1, u_2) を，社会的無差別曲線という。ベンサム基準の社会的無差別曲線は，傾きが -1 の直線で表される。社会厚生が最大となるのは，図の点 B である。解析的には，

$$(u_1^*, u_2^*) = \left(\frac{10a^2}{\sqrt{1+a^2}}, \frac{10}{\sqrt{1+a^2}} \right)$$

となる[2]。さらに，(4.2)，(4.3) 式を用いると，最適な分配が求められる。

2　章末の補論を参照。

図 4-2 ベンサム基準

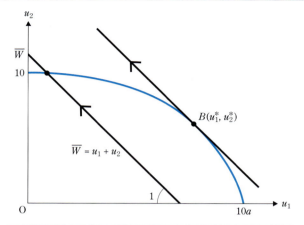

社会的無差別曲線 $\overline{W} = u_1 + u_2$ は，傾きが−1，切片が $\overline{W}$ の直線で表される。図の点 B が最適な分配を表す。

$$(c_1^*, c_2^*) = \left(\frac{100a^2}{1+a^2}, \frac{100}{1+a^2} \right) \tag{4.8}$$

2人の消費量が一致する<u>完全平等</u>が最適となるのは，$a = 1$ のときに限られる。効用ベースで所得分配を評価しているため，消費効用に個人差がある場合には，偏った所得分配が最適になる。

● ロールズ基準

社会厚生関数を，

$$F(u_1, u_2) = \min\{u_1, u_2\} \tag{4.9}$$

とおく。$\min\{\cdot, \cdot\}$ は，2つの数のうち，小さい方を取り出すという意味である。(4.9) 式を，<u>ロールズ基準</u>の社会厚生関数という。所得分配の最低水準に注目して，<u>最低水準の高い所得分配こそ望ましい</u>という考えを反映している。

図 4-3 ロールズ基準

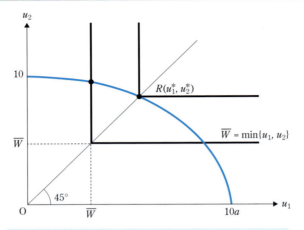

社会的無差別曲線 $\overline{W} = \min\{u_1, u_2\}$ は，$(\overline{W}, \overline{W})$ を頂点とする L 字型の折れ線で表される。図の点 R が最適な分配を表す。

分配問題は次のように定式化される。

$$\max_{u_1, u_2} W = \min\{u_1, u_2\} \quad \text{s.t.} \quad \frac{(u_1)^2}{a^2} + (u_2)^2 = 100 \tag{4.10}$$

図 4-3 は，(4.10) 式の分配問題を図示したものである。ロールズ基準の社会的無差別曲線は，L 字型の折れ線で表される[3]。社会厚生が最大となるのは，図の点 R である。45 度線との交点なので，

$$(u_1^*, u_2^*) = \left(\frac{10a}{\sqrt{1+a^2}}, \frac{10a}{\sqrt{1+a^2}} \right)$$

である。(4.2)，(4.3) 式を用いると，最適分配は，

---

[3] 章末の補論を参照。

$$(c_1^*, c_2^*) = \left(\frac{100}{1+a^2}, \frac{100a^2}{1+a^2} \right) \tag{4.11}$$

となる。

完全平等が最適なのは，$a = 1$ のときに限られる。消費効用に個人差があるとき，ロールズ基準でも偏った所得分配が最適である。(4.8)，(4.11) 式を比較すると，所得分配の偏り方に違いがあることが分かる。ベンサム基準では，効用ベースでの強者である個人 1 に多くの所得が分配される。ロールズ基準では，弱者である個人 2 に多くの所得が分配される。

社会厚生関数を用いた所得分配の分析手法には批判もある。関数を用いるということは，個人効用が数量化できることを前提にしている。数量化できるのか，比較できるのかという問題は，古くて新しい問題である。また，モデルで使われた a という定数に疑問を感じる人もいるだろう。厳密には，個人の選好とは関係のない属性 ― 稼得能力や親からの遺産，運など ― から生じる効用差に注目する必要がある[4]。

■ 4.2　格差の指標

本節では，所得格差の測り方を紹介する。具体的には，中央値，重心，ジニ係数，アトキンソン指数の 4 つである。

● 中 央 値

所得の水準が高いのか低いのかを示す代表的な指標は，平均値である。もう一歩踏み込んで，所得分布の偏りを調べたいときは，中央値（メジアン，

4　章末の練習問題 1 を参照。

表 4-1 所 得 分 配

所得分配	個人1	個人2	個人3	個人4	個人5	計
A	40	40	40	40	40	200
B	10	10	30	50	100	200
C	20	20	40	60	60	200

median）を利用する。中央値とは，所得の低い人から順に一列に並べたとき，ちょうど真ん中に位置する人の所得を指す。例として，5人の個人を所得順に並べた所得分配を考えよう（表4-1）。中央値とは，個人3の所得を意味する。なお，表4-1では，異なる所得分配を直観的に比較できるように，総所得が200万円で一定であると仮定している。

A の所得分配では，中央値40万円は平均値40万円に一致する。この所得分配は明らかに公平である。しかし，現実的には，所得分配Bのように，

$$（中央値）＜（平均値）$$

が観察される。したがって，格差を測るためのもっとも簡単な指標は，

$$\frac{（平均値）－（中央値）}{（平均値）} \tag{4.12}$$

である。平均値で割るのは，所得水準の異なる国でも比較できるようにするためである。この指標は，完全平等のAのケースでは0，Bのケースでは0.25になる。(4.12)式の指標は，格差が大きくなるにつれて大きな値をとる。

● 重　心

次に，所得分配Cを考えよう。(4.12)式の指標では0であり，所得分配Aと同じである。しかし，感覚的には，Cの所得分配の方が右に偏っている。この違和感を表現するには，(4.12)式とは別の格差指標を用いる必要がある。基本となるアイディアは，重心である。所得分配Aの重心は個人3の位

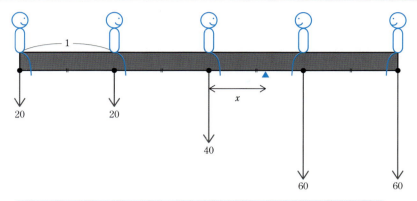

図 4-4 5人シーソー

シーソーが釣り合うのは，$20(2+x)+20(1+x)+40x=60(1-x)+60(2-x)$ のとき。これを解くと $x=0.6$。

置にあるが，所得分配 C の重心は個人 3 と個人 4 の間にある[5]。

図 4-4 は，所得分配 C の重心（支点）を図示したものである。個人間の距離を 1 として，中央の個人 3 の位置をゼロとする。支点の位置を x とすると，シーソーが釣り合うための条件は，

$$20(2+x)+20(1+x)+40x=60(1-x)+60(2-x)$$

である。これを解くと，

$$x=0.6$$

が得られる。つまり，5 人シーソーの支点は，個人 3 と個人 4 の中央よりも少し右にあることが分かる。このように，完全平等の場合の支点の位置 $x=0$ を基準にして，シーソーの支点がどのくらい右にあるのかを調べれば，

---

[5] 支点が個人 3 の下にあると，40 対 120 でシーソーは右に傾く。支点が個人 4 の下にあると 80 対 60 で左に傾く。したがって，支点は個人 3 と個人 4 の間にある。

4.2 格差の指標 ● 71

格差を測ることができる。

次に，一般的なケースで，支点を求めてみよう。個人 i の所得を y_i とする（$y_1 \leqq y_2 \leqq y_3 \leqq y_4 \leqq y_5$）。平均所得は，

$$\bar{y} = \frac{y_1 + y_2 + y_3 + y_4 + y_5}{5} \tag{4.13}$$

である。図 4-4 と同様に，個人 3 の右に x だけ離れたところに支点があるとすると，シーソーが釣り合うための条件は，

$$y_1(2+x) + y_2(1+x) + y_3x = y_4(1-x) + y_5(2-x)$$

である。これを解くと，

$$x = \frac{2y_5 + y_4 - y_2 - 2y_1}{y_1 + y_2 + y_3 + y_4 + y_5} = \frac{2y_5 + y_4 - y_2 - 2y_1}{5\bar{y}} \tag{4.14}$$

が得られる。2 番目の等号は（4.13）式を利用したものである。

（4.14）式の分子がシーソーの釣り合いを表している。両端に位置する y_5 と y_1 には 2 のウエイトが課され，支点に近い y_4 と y_2 には 1 のウエイトが課されている。中央値の y_3 はこの指標には反映されない。重心を考えることで，A と B の所得分配の違いを表現できることが分かるだろう。

● ジ ニ 係 数

一般的に知られた格差指標として，ジニ係数がある。ジニ係数とは，

$$g = \frac{（平均差）}{2 \times （平均）} \tag{4.15}$$

で定義される。平均は，上の例では（4.13）式で与えられる。

分子の平均差とは，

表4-2　平均差 (1)

$\lvert y_i - y_j \rvert$	20	20	40	60	60
20	0	0	20	40	40
20	0	0	20	40	40
40	20	20	0	20	20
60	40	40	20	0	0
60	40	40	20	0	0

$$\frac{1}{5^2}\sum_{i=1}^{5}\sum_{j=1}^{5}\lvert y_i - y_j \rvert \tag{4.16}$$

で定義される。$\lvert \cdot \rvert$ は絶対値を表している。(4.15) 式の分母の 2 は，ジニ係数の値が 1 以下になるように調整するためである。

　(4.16) 式は難しく見えるかもしれないが，その意味は単純かつ直観的である。所得分布 C を例にして，平均差を計算しよう。

　個人の所得を小さい方から順に縦に 5 つ，横に 5 つ並べ，5×5 の表を作る（表 4-2）。この 25 マスに，一つひとつ差を記入していく。自分自身との差はゼロなので対角線にはゼロが並ぶ。また，対称性から右上の数と同じ数が左下にある（$\lvert y_i - y_j \rvert = \lvert y_j - y_i \rvert$）。差の総和を 25 で割ったものが差の平均，すなわち平均差である。右上の和が 240 なので，平均差は，

$$\frac{2 \times 240}{25}$$

である。平均が 40 なので，(4.15) 式から，ジニ係数は，

$$g = \frac{2 \times 240}{2 \times 40 \times 25} = 0.24$$

となる。

4.2　格差の指標　73

表 4-3　平均差（2）

$\|y_i - y_j\|$	y_1	y_2	y_3	y_4	y_5
y_1	0	y_2-y_1	y_3-y_1	y_4-y_1	y_5-y_1
y_2	y_2-y_1	0	y_3-y_2	y_4-y_2	y_5-y_2
y_3	y_3-y_1	y_3-y_2	0	y_4-y_3	y_5-y_3
y_4	y_4-y_1	y_4-y_2	y_4-y_3	0	y_5-y_4
y_5	y_5-y_1	y_5-y_2	y_5-y_3	y_5-y_4	0

● ジニ係数とシーソーの重心

　ジニ係数とシーソーの重心には共通点がある。この点を 5 人のケースを用いて説明しよう。

　表 4-3 は，個人 i の所得が y_i であるときの差を計算したものである。この表から，平均差は，

$$\frac{2(4y_5 + 2y_4 - 2y_2 - 4y_1)}{25}$$

となる。(4.15) 式を用いると，ジニ係数は，

$$g = \frac{2(2y_5 + y_4 - y_2 - 2y_1)}{25\overline{y}} \tag{4.17}$$

である。

　(4.14) 式と (4.17) 式を比べると，

$$g = \frac{2}{5}x \tag{4.18}$$

が成立することが分かる。分母の 5 は人数を表している。係数の分だけ数値は異なるが，ジニ係数の背後にはシーソーの重心のアイディアが隠されていることが分かる。

74 ● 第 4 章　所得再分配

● アトキンソン指数

　所得という客観的なデータを用いて格差を測るのは直観的で分かりやすい。しかし，不公平感という心理的な側面は考慮されていない。この点を補足したのが，アトキンソン指数である。背後にあるアイディアは，リスクを回避したいという人間の本能である。既存の所得分配を個人の直面するリスクとみなして，個人のリスク回避を反映する形で所得分配を評価したものがアトキンソン指数である。

● 危険回避度

　簡単なモデルを用いてアトキンソン指数を説明しよう。個人は所得に関するリスクに直面している。n 通りの所得 y_i（$i = 1, \cdots, n$）があり，実現する確率はどれも $1/n$ で同じであるとする（表 4-4）。

　この所得分配に対する個人の評価を，次のような期待効用関数を用いて表現する。

$$EU = \frac{1}{n} \sum_{i=1}^{n} U(y_i) \tag{4.19}$$

ただし，

$$U(y_i) = \begin{cases} \dfrac{y_i^{1-\varepsilon} - 1}{1 - \varepsilon} & \text{if} \quad \varepsilon \neq 1 \\[2mm] \log y_i & \varepsilon = 1 \end{cases} \tag{4.20}$$

である。定数 $\varepsilon \geqq 0$ を，相対的危険回避度（Relative risk aversion, RRA）と

表 4-4　所 得 分 配

所得	y_1	y_2	$\cdots$	y_n	
確率	$\dfrac{1}{n}$	$\dfrac{1}{n}$	$\cdots$	$\dfrac{1}{n}$	1

4.2　格差の指標 ● 75

いう[6]。(4.20) 式の効用関数は,所得水準に関わらず相対的危険回避度が一定となる性質を持つ。

● 均等分配所得

いま,個人に確実な所得 y^e を与えたとき,(4.19) 式の効用水準が達成できるとしよう。このような y^e を,均等分配所得(等価所得,equivalent income)あるいは,確実性等価(certainty equivalent)という。y^e は次式で与えられる。

$$U(y^e) = \frac{1}{n} \sum_{i=1}^{n} U(y_i)$$ (4.21)

アトキンソン指数は,

$$AI = 1 - \frac{y^e}{\bar{y}}$$ (4.22)

で定義される。ただし,$\bar{y} = \frac{1}{n} \sum_{i=1}^{n} y_i$ は所得の期待値である。

● アトキンソン指数の意味

(4.20) 式で $\varepsilon = 0$ とすると,$U(y_i) = y_i - 1$ となる。効用関数のグラフが直線となるような個人は,リスク中立的であるという。(4.21) 式から,$y^e = \bar{y}$ が得られるので,アトキンソン指数は $AI = 0$ である。リスク中立的な個人は,所得分配の評価基準として所得の数学的期待値を用いる。このような個人から構成される経済では,不公平感は小さいと考えられるので,アトキンソン指数は最小値 0 をとる。

---

6 一般的に,相対的リスク回避度は,

$$RRA = -\frac{U''(y) \cdot y}{U'(y)}$$

で定義される。効用関数のグラフの曲率を表している。

一般的に，個人は**リスク回避的**である。モデルでは，$\varepsilon > 0$ のケースに対応する。リスク回避的な個人は，期待値以下でも確実な所得を望む（$y^e < \bar{y}$）。したがって，アトキンソン指数は $0 < AI < 1$ の範囲の値をとる。また，個人がリスク回避的であればあるほど，y^e の値は小さく，AI の値は大きくなる。

2つの国の所得分配がまったく同じであるとしよう。中央値やジニ係数で測った所得格差は両国で同じである。しかし，所得分配に対する国民の不公平感も同じであるとは限らない。アトキンソン指数は，リスク回避という人間の心理的要因を用いることで，国民の不公平感の違いを説明することができる。

[例]

（4.20）式で，$\varepsilon = 1$ のときの均等分配所得を求めてみよう。（4.21）式より，

$$\log y_e = \frac{1}{n} \sum_{i=1}^{n} \log y_i = \frac{1}{n} \log(y_1 y_2 \cdots y_n)$$

が成り立つ。したがって，均等分配所得は，所得の**相乗平均**に一致する[7]。

$$y_e = (y_1 y_2 \cdots y_n)^{\frac{1}{n}}$$

一般に，（相加平均）≧（相乗平均）が成り立つので，$\bar{y} \geq y^e$ である。したがって，（4.22）式より，$0 \leq AI < 1$ が成り立つ。

---

7 以下の対数の公式を用いた。
$$\log A + \log B = \log AB$$
$$\log A^n = n \log A$$

4.2 格差の指標 ● 77

■補論　数学補足

1．(4.7) 式の分配問題

円 $(u_1)^2 + (u_2)^2 = 100$ を，ヨコ軸方向に a 倍すると（4.4）式のだ円になる。

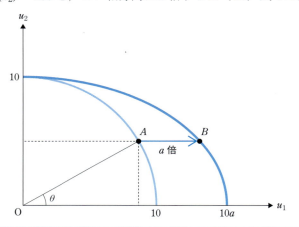

円 $(u_1)^2 + (u_2)^2 = 100$ 上の点 A は，$(10\cos\theta, 10\sin\theta)$ と表せる。
だ円 $\dfrac{(u_1)^2}{a^2} + (u_2)^2 = 100$ 上の点 B は，$(10a\cos\theta, 10\sin\theta)$ と表せる。

第1象限にある円周上の点 A は，

$$\begin{cases} u_1 = 10\cos\theta \\ u_2 = 10\sin\theta \end{cases}$$

と表せる（$0 \leq \theta \leq \pi/2$）。したがって，だ円上の点 B は，

$$\begin{cases} u_1 = 10a\cos\theta \\ u_2 = 10\sin\theta \end{cases}$$

と表すことができる。

このとき，社会厚生は，三角関数の合成を用いると，

$$W = 10a\cos\theta + 10\sin\theta$$
$$= 10\sqrt{1+a^2}\sin(\theta+\alpha)$$

と変形できる。ただし，$0<\alpha<\pi/2$ は，図の角を表す。

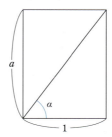

社会厚生が最大となるのは，

$$\theta^* + \alpha = \frac{\pi}{2} \;\Rightarrow\; \theta^* = \frac{\pi}{2} - \alpha$$

のときである。

図から，

$$\cos\theta^* = \frac{a}{\sqrt{1+a^2}}$$
$$\sin\theta^* = \frac{1}{\sqrt{1+a^2}}$$

であるので，(u_1^*, u_2^*) が得られる。

2. ロールズの社会的無差別曲線

定義より，

$$\min\{u_1, u_2\} = \begin{cases} u_1 & \quad u_2 \geqq u_1 \\ u_2 & \quad u_2 \leqq u_1 \end{cases} \quad \text{if}$$

が成り立つ。したがって，

$$\overline{W} = \min\{u_1, u_2\} \quad \Leftrightarrow \quad \begin{cases} \overline{W} = u_1 & \quad u_2 \geqq u_1 \\ \overline{W} = u_2 & \quad u_2 \leqq u_1 \end{cases} \quad \text{if}$$

である。これを平面 (u_1, u_2) 上に図示する。$u_2 \geqq u_1$ は，45 度線の上の領域を意味する。この領域では，垂直線 $u_1 = \overline{W}$ を引く。$u_2 \leqq u_1$ は，45 度線の下の領域を意味する。この領域では，水平線 $u_2 = \overline{W}$ を引く。まとめると，社会的無差別曲線は，$(\overline{W}, \overline{W})$ を頂点とする L 字型の曲線で表される。

参考文献

Atkinson, A.B., Stiglitz, J.E.（1980）*Lectures on Public Economics*, McGraw-Hill.

Atkinson, A.B., Stiglitz, J.E.（2015）*Lectures on Public Economics*（revised version）, Princeton University Press.

◆ 練習問題

1. 個人 $i = 1, 2$ の効用関数を,

$$u_1 = U(c_1, l_1) = c_1 - (l_1)^2$$
$$u_2 = U(c_2, l_2) = c_2 - (l_2)^2$$

とする。c_i は消費，l_i は労働を表す。

生産関数を，

$$y = F(l_1, l_2) = 6l_1 + 2l_2$$

とする。y は消費財の生産量を表す。1時間働いたとき，個人1は6単位，個人2は2単位，財を生産できることを意味する。2個人は，選好は同じだが，労働生産性に違いがあると仮定している。

資源制約式は，

$$y = c_1 + c_2$$

である。生産された財は，すべて2個人に分配されることを意味する。

このとき，以下の問いに答えよ。

(1) 効用フロンティアを表す式を，u_1, u_2, l_1, l_2 を用いて表せ。

(2) (1) の効用フロンティアが，もっとも広がるときの労働 (l_1^*, l_2^*) を求めよ。また，そのときの効用フロンティアを平面 (u_1, u_2) 上に図示せよ。

(3) ロールズ型の社会厚生関数を仮定したとき，各個人の最適な労働配分と所得分配の組合せ (l_1^*, c_1^*), (l_2^*, c_2^*) を求めよ。

2. 4人のボーナスが20万円，20万円，60万円，100万円であった。4人が等間隔に並んだシーソーを考え，重心の位置を求めよ。

3. 4人のボーナスが20万円，20万円，60万円，100万円であった。

(1) 平均差を求めよ。

(2) ジニ係数を求めよ。

4. 所得階層を n 個に等分する。下から i 番目の階層内の所得の平均を y_i とする $(y_1 < y_2 < \cdots < y_n)$。

このとき，以下の問いに答えよ。

(1) $n = 5$ のとき，度数分布および累積度数分布は，表 4-5 で表せる。

表 4-5 度数分布と累積度数分布

階級	階級累積度数	所得度数	所得累積度数
1	$\dfrac{1}{5}$	$\dfrac{y_1}{y_1+y_2+y_3+y_4+y_5}$	$\alpha_1 = \dfrac{y_1}{y_1+y_2+y_3+y_4+y_5}$
2	$\dfrac{2}{5}$	$\dfrac{y_2}{y_1+y_2+y_3+y_4+y_5}$	$\alpha_2 = \dfrac{y_1+y_2}{y_1+y_2+y_3+y_4+y_5}$
3	$\dfrac{3}{5}$	$\dfrac{y_3}{y_1+y_2+y_3+y_4+y_5}$	$\alpha_3 = \dfrac{y_1+y_2+y_3}{y_1+y_2+y_3+y_4+y_5}$
4	$\dfrac{4}{5}$	$\dfrac{y_4}{y_1+y_2+y_3+y_4+y_5}$	$\alpha_4 = \dfrac{y_1+y_2+y_3+y_4}{y_1+y_2+y_3+y_4+y_5}$
5	$\dfrac{5}{5}$	$\dfrac{y_5}{y_1+y_2+y_3+y_4+y_5}$	1

図 4-5 ローレンツ曲線

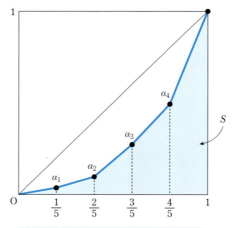

ジニ係数は弓形の面積の 2 倍。つまり，
$g = 2(\frac{1}{2} - S) = 1 - 2S$

　階級累積度数を横軸に，所得累積度数を縦軸に測る。6 つの点 $(0,0)$，$(1/5, \alpha_1)$，$(2/5, \alpha_2)$，$(3/5, \alpha_3)$，$(4/5, \alpha_4)$，$(1,1)$ を結んだ折れ線を，ローレンツ曲線という（図 4-5）。ジニ係数は，対角線とローレンツ曲線で囲まれた弓形の面積の 2 倍になることが知られている。

このとき，ジニ係数 g は，

$$g = \frac{4}{5} - \frac{2}{5}(\alpha_1 + \alpha_2 + \alpha_3 + \alpha_4) \tag{a4.1}$$

で与えられることを示せ。

(2) (1) の（a4.1）式は，本文の（4.17）式と一致することを確かめよ。

(3) $n = 10$ のとき，ジニ係数は，

$$g = 0.9 - 0.2(\alpha_1 + \cdots + \alpha_9) \tag{a4.2}$$

で与えられることを示せ。ただし，α_i は，階級 i の所得累積度数を表す（$i = 1, ..., 9$）。

5. 表 4-6 は，2014 年の日本の所得分配を，当初所得と再分配所得で比較したものである。

(1) 累積度数を求め，表を完成せよ。

(2) ローレンツ曲線を図示せよ。

(3) 問題 4 (3) の（a4.2）式を用いて，当初所得のジニ係数，再分配所得のジニ係数を求めよ。

表 4-6　日本の所得分配（2014 年）

所得階層	当初所得		再分配所得	
	度数（%）	累積度数（%）	度数（%）	累積度数（%）
0–10%	0.0	0.0	1.9	1.9
10–20%	0.0		3.5	
20–30%	0.6		4.7	
30–40%	2.7		6.0	
40–50%	5.2		7.4	
50–60%	8.0		8.9	
60–70%	11.5		10.9	
70–80%	15.6		13.2	
80–90%	20.5		16.5	
90–100%	35.9	100	27.0	100

第 **5** 章

余 剰 分 析

■ **Introduction**

　税は，家計や企業の選択を変化させることで，市場価格や取引量，そして経済厚生に影響を及ぼす。影響の大きさを測る方法としては，余剰分析がある。1 節では，余剰に関する基本的な考え方を説明する。2 節では従量税を，3 節では従価税を分析する。4 節では，税の負担が家計と企業の間にどのように割り当てられるのかを調べる。課税の帰着という。5 節では，労働への課税が，労働供給や経済厚生にどのように影響するのかを説明する。

■ 5.1　余剰とは何か

● 消費者余剰

　消費者が財を 1 つずつ購入するケースを考える。追加的な消費から得られる追加的な効用を，限界効用（Marginal utility, MU）という。限界効用は正かつ逓減的である（表 5-1）。限界効用逓減の法則という。この法則は，飽きっぽさ，あるいは，希少なものを高く評価するというヒトの選好を反映している。総効用は，限界効用を順に足すことで求められる。たとえば，$x=3$ のときの総効用は，$u=200+120+60=380$ である。消費量 x と総効用 u の関係を表す関数 $u=U(x)$ を，効用関数という。効用関数のグラフは右上がりであり，上に凸である。

84

表 5-1　限界効用

消費量 x	0	1	2	3	4	5
限界効用 MU		200	120	60	40	30
総効用 u	0	200	320	380	420	450

図 5-1　消費選択と余剰

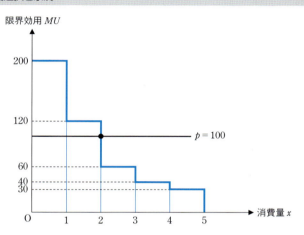

図 5-1 は，表 5-1 をグラフにしたものである。長方形の高さが限界効用を表す。総効用は，長方形の面積を左から順に足すことで得られる。

限界効用が貨幣単位で測られると仮定しよう。このとき，消費者の選択を次のようなルールで定式化できる。

> 限界効用＞消費者価格 ⇒ 購入する
> 限界効用＜消費者価格 ⇒ 購入しない

限界効用とは，追加的な財 1 単位に対する私的な評価額である。この評価額が消費者価格を上回っているとき，財を購入することで余剰が発生する。たとえば，財の価格が $p=100$ 円であったとしよう。このとき，1 個目の消費から 100 円の余剰が，2 個目の消費から 20 円の余剰が生じる。3 個目の消

図 5-2　消費者余剰

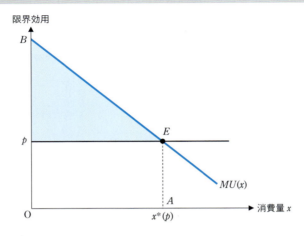

費からは余剰が生じないので，最適消費量は 2 個であり，余剰の合計は 120 円である。消費から得られる余剰の合計を，**消費者余剰**（Consumer's surplus, CS）という。価格が下がると，消費量が増え，消費者余剰が増加する。たとえば，$p=50$ 円のとき，最適消費量は 3 個，消費者余剰は 230 円になる。

図 5-2 は，消費量と限界効用の関係を連続的な曲線で近似したものである。限界効用曲線という。価格が p のときの最適消費量は $x^*(p)$ である。**消費者余剰は，価格線の上の三角形の面積で表される**。消費量が $x^*(p)$ のときの総効用 $u=U(x^*(p))$ は，台形 OAEB の面積で表される。支払額 $px^*(p)$ は，四角形 OAEp の面積である。消費者余剰とは，総効用から支払額を引いたものを表している。

限界効用曲線とは，横軸上の x に対応する限界効用 $MU(x)$ を図示したものである。この図の縦軸上に価格 p をとることで，同じ曲線を用いて，価格と最適消費量の関係を示すことができる。縦方向に見たときが限界効用曲線，横方向に見たときが需要曲線である。

なぜ縦軸上に価格 p をとるのだろうか。消費者の選択の背後には，私的な価格と消費者価格を比較するという問題があった。私的な価格とは限界効用のことであり，限界効用は縦軸で測られている。したがって，比較対象である消費者価格を縦軸上に乗せるというのは，自然な発想である。

● 生産者余剰

生産者が財を１つずつ生産するケースを考える。スタートアップに必要な費用を固定費用といい，財を１単位追加的に生産するときの費用を限界費用（MC）という。限界費用は正かつ逓増的である。限界費用逓増の法則という。表 5-2 は，固定費用 $F = 100$ 円を負担してから生産を開始するときの費用を表している。１個目の生産にかかる費用は 30 円であるが，２個目の費用は 40 円，３個目の費用は 60 円というように増えていく。

総費用は，固定費用と限界費用を順に加えることで算出できる。たとえば，生産量が $x = 3$ のときの総費用は，$c = 100 + 30 + 40 + 60 = 230$ 円である。生産量 x と総費用 c の関係を表す関数 $c = C(x)$ を，費用関数という。費用関数のグラフは右上がりであり，下に凸である。

限界費用が増えるのは，技術的，経済的理由である。たとえば，生産の拡大とともに雇用を増やしていく状況を想定しよう。一番最初に雇用されるのは，能力の高い労働者である。彼らは少ない労働時間で財を生産できるので，費用を抑えることができる。増産のために次に雇用される労働者は，最初に雇用した労働者よりも労働生産性が低い。したがって，最初の生産量と同じだけ生産しようとしても労働時間が長くなり費用が大きくなる。

生産規模の拡大にともなう費用の上昇は，労働者の能力に限らない。たとえば，最初の工場は立地条件を精査して費用を低く抑えられたかもしれないが，その後の工場の立地には多くの費用がかかるかもしれない。限界費用逓増の法則は，このような労働や資本の雇用と関連する技術的な関係を反映している。

図 5-3 は，表 5-2 の生産量 x と限界費用 MC の関係をグラフにしたもの

表 5-2 限界費用

生産量 x	0	1	2	3	4	5
固定費用 F	100					
限界費用 MC		30	40	60	120	200
総費用 c	100	130	170	230	350	550

図 5-3 生産計画と余剰

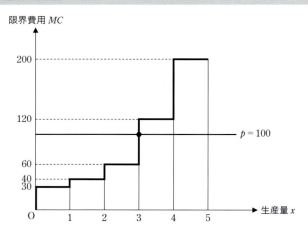

である。長方形の高さが限界費用を表す。総費用から固定費用を除いたものを可変費用という。可変費用は，長方形の面積を左から順に足すことで得られる。

消費者の選択と同じように，生産者の生産計画を次のルールで定式化する。

> 生産者価格＞限界費用 ⇒ 生産する
> 生産者価格＜限界費用 ⇒ 生産しない

生産者価格が限界費用を上回っているとき，財を生産することで利潤が発生する。たとえば，財の市場価格が $p=100$ 円であったとしよう。このとき，1 個目の生産から 70 円の利潤が生じる。2 個目の利潤は 60 円，3 個目の余

図 5-4　生産者余剰

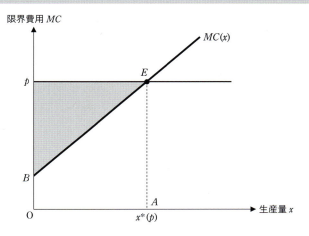

剰は 40 円である。4 個目を生産するとすると 20 円の損失が生じるので，最適生産量は 3 個である。操業利潤は 170 円であり，固定費用を考慮した利潤は 70 円である。操業利潤のことを**生産者余剰**（producer's surplus, PS）という。生産者価格が上がると，生産量が増え，生産者余剰が増加する。たとえば，$p = 150$ 円のとき，最適生産量は 4 個，生産者余剰は 350 円になる。

　図 5-4 は，生産量と限界費用の関係を連続的な曲線で近似したものである。限界費用曲線という。生産者価格が p のときの最適生産量は $x^*(p)$ である。生産者余剰は，価格線の下の三角形の面積で表される。企業の売上 $px^*(p)$ は，四角形 $OAEp$ の面積である。可変費用は，台形 $OAEB$ の面積で表される。生産者余剰とは，売上から可変費用を引いたものである。

　限界費用曲線とは，横軸上の x に対応する限界費用 $MC(x)$ を図示したものである。この図の縦軸上に価格 p をとることで，同じ曲線を用いて，価格と最適生産量の関係を示すことができる。縦方向に見たときが限界費用曲線，横方向に見たときが供給曲線である。

図 5-5　市場需要曲線

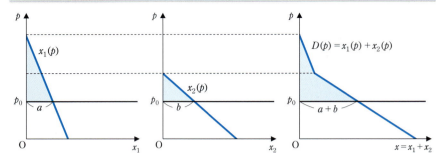

図 5-6　市場供給曲線

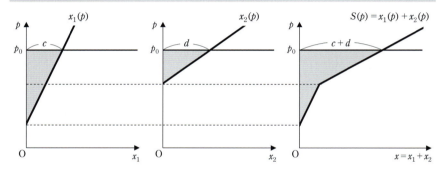

● 集計と市場均衡

　各個人の需要を集計することで市場需要関数 $D(p)$ が得られる（図 5-5）。集計とは，個々の需要曲線を横方向に足すことである。各消費者の消費者余剰の合計は，市場需要曲線と価格線で囲まれた部分の面積で表される。

　各企業の供給を集計することで市場供給関数 $S(p)$ が得られる（図 5-6）。集計とは，個々の供給曲線を横方向に足すことである。各生産者の生産者余剰の合計は，市場供給曲線と価格線で囲まれた部分の面積で表される。

● 市場均衡と安定性

　$D(p) = S(p)$ を満たす価格を均衡価格という。個々の需要曲線が右下がりな

図 5-7 市場均衡

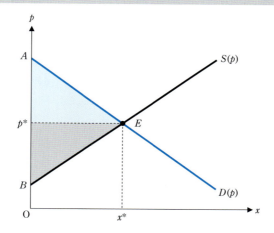

ので，市場需要曲線は右下がりである。個々の供給曲線が右上がりなので，市場供給曲線は右上がりである。したがって，均衡は存在すればただ 1 つである（図 5-7）。超過需要が生じているとき市場価格は下がり，超過供給が生じているとき市場価格は上がると仮定する。**ワルラス的調整**という。図 5-7 で，市場価格が均衡価格 p^* よりも低いとき超過需要が生じる。均衡価格よりも高いときは超過供給が生じる。したがって，ワルラス的調整の下で，市場価格は均衡価格に調整される。均衡 E は，**ワルラス的に安定**であるという。

● 社会的余剰

図 5-7 において，各消費者の消費者余剰の合計は三角形 AEp^* の面積で表される。各生産者の生産者余剰の合計は，三角形 BEp^* の面積で表される。消費者余剰と生産者余剰の合計を，**社会的余剰**（Social surplus, SS）という。市場均衡における社会的余剰は，三角形 AEB の面積で表される。

■ 5.2 余剰分析による税制の検討：従量税

　課税は，消費者余剰，生産者余剰，そして社会的余剰に影響する。望ましい税制を考えるためには，課税と余剰の関係を理解する必要がある。本節では，従量税と余剰の関係を説明する。

　取引量に応じて課される税を従量税という。たとえば，日本では酒税がある。1 リットルあたりに換算すると，ビールは 220 円，清酒は 120 円，いわゆる第 3 のビールは 80 円という従量税が課されている[1]。

　従量税は，生産者価格と消費者価格の乖離をもたらす。消費者価格を p^d，生産者価格を p^s，従量税率を T とすると，次の関係が成立する。

$$p^d - p^s = T \tag{5.1}$$

　たとえば，ビール 1 リットルあたりの生産者価格を 380 円とすると，従量税 220 円を上乗せした 600 円が消費者価格になる。

　消費者は，消費者価格 p^d に応じて消費量を決める。生産者は，生産者価格 p^s に応じて生産量を決める。従量税があるときの市場均衡条件は，

$$D(p^d) = S(p^s) \tag{5.2}$$

である。(5.1)，(5.2) 式を解くと，消費者価格と生産者価格はともに従量税率 T の関数となる：$p^d = p^d(T)$，$p^s = p^s(T)$。T が増えると，消費者価格は上昇し，生産者価格は低下する。

　図 5-8 は，従量税があるときの均衡を図示したものである。消費者価格と生産者価格という 2 つの価格があり，その差が T である（(5.1) 式）。消費者価格が p^d のときの市場需要 p^dP と，生産者価格が p^s のときの市場供給

1　酒税法第 23 条（2017 年 7 月現在）。租税特別措置法は無視する。

92 ● 第 5 章　余剰分析

図 5-8 従量税

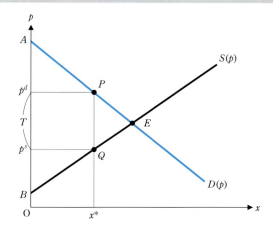

$p^s Q$ が一致し，取引が成立する（(5.2) 式）。従量税がないときの市場均衡は点 E である。税率が上がるにつれて，点 P は需要曲線 $x = D(p)$ 上を左上に移動し，点 Q は供給曲線 $x = S(p)$ 上を左下に移動する。したがって，税率が上がるにつれて均衡取引量 x^* は減少する。

消費者余剰は三角形 APp^d の面積で，生産者余剰は三角形 BQp^s の面積で表される。税収 Tx^* は長方形 $p^d P Q p^s$ の面積で表される。税収は余剰に含まれる。その理由は，集めた税は公共サービスや社会資本整備などに使われ，便益が国民に還元されるからである。

社会的余剰は，台形 $APQB$ の面積で表される。税がないときの社会的余剰は三角形 AEB の面積なので，三角形 PEQ だけ余剰が減少する。失われた余剰を，死荷重（dead-weight loss），あるいは超過負担（excess burden）という。税率 T が上がると，三角形 PEQ の底辺 PQ が長くなると同時に，高さも長くなる。死荷重は税率の 2 乗（T^2）に比例する。たとえば，従量税を 2 倍にすると，死荷重は 4 倍になる。

■ 5.3 余剰分析による税制の検討：従価税

消費税率が 10% のとき，1 個 200 円のリンゴを買うときの支払額は 220 円である。価格に応じて課される税を従価税という。従価税率が t であるとき，消費者価格と生産者価格の間には次の関係がある。

$$p^d = (1+t)p^s \tag{5.3}$$

（5.3）式と市場均衡条件（5.2）式から，$p^d = p^d(t), p^s = p^s(t)$ が得られる。取引量を x^* とすると，税収は，

$$tp^s \cdot x^* = (p^d - p^s)x^*$$

である。従価税と余剰の関係は，図 5-8 を用いて従量税と同じように分析できる。

■ 5.4 税 の 帰 着

課税により，消費者価格は上昇し，生産者価格は低下する。課税の負担は，誰が納税するのかとは関係なく，消費者にも生産者にも発生する。税の帰着（tax incidence）という。負担の割合が何で決まるのかを知ることは，税制を設計するうえで重要である。理論的には，消費者の負担は消費者余剰の損失で，生産者の負担は生産者余剰の損失で計測することができる。

消費者余剰の損失は図 5-9 の台形 $p^d P E p_0$ の面積で表され，生産者余剰の損失は台形 $p^s Q E p_0$ の面積で表される。上底と下底が同じなので，台形の面積の比は，高さの比に一致する。

図 5-9 税の帰着

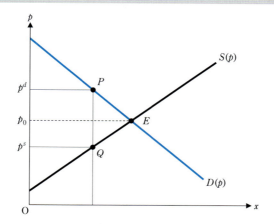

$$\frac{消費者の負担}{生産者の負担} = \frac{p^d p_0}{p^s p_0}$$

　台形の面積の比は，需要曲線や供給曲線の傾きに依存する。需要曲線の傾きを緩やかにした図を描くと，消費者の負担比率が小さくなることが分かる。需要曲線が緩やかであるとき価格が上昇すると需要が大きく減るから，需要の価格弾力性が大きいことを意味している。つまり，需要の価格弾力性が大きいとき，消費者の負担比率は小さくなる。

　同じことは生産者の負担についてもいえる。供給曲線の傾きが緩やかであるとき，つまり供給の価格弾力性が大きいとき，生産者の負担比率は小さくなる。

　一般的に，消費者と生産者の負担比率に関して次の関係式が成立する[2]。

$$\frac{消費者の負担}{生産者の負担} = \frac{\varepsilon^s}{\varepsilon^d} \tag{5.4}$$

2　章末の補論を参照。

ここで，$\varepsilon^d = -p^d D'/D$ は需要の価格弾力性を，$\varepsilon^s = p^s S'/S$ は供給の価格弾力性を表している。消費者よりも企業の方が価格に敏感であり，弾力性が大きいとしよう。このような市場では，消費者の負担比率は大きくなる。たとえば，$\varepsilon^s = 2\varepsilon^d$ のとき，消費者の負担は生産者の負担の 2 倍になる。

■ 5.5　余剰分析による税制の検討：労働所得税

　労働への課税も死荷重を生じさせる。個人は，労働 — 余暇の時間配分の問題に直面しているとしよう。労働所得税により実質賃金率が低下する。実質賃金率は，余暇の機会費用であるから，賃金率が下がれば余暇が増える。したがって，個人には余暇効用が増えるという便益が生じる。他方，余暇が増えるということは労働が減ることを意味する。労働供給が減り，かつ実質賃金率が下がることで，二重の意味で労働所得が減り，効用が低下する。集めた税収は余剰に含まれる。したがって，余暇効用の増加＋税収の大きさと，労働所得の減少にともなう余剰損失の大きさを比較することで，死荷重を算出できる。

　簡単なモデルを用いて説明しよう。個人は 1 単位の時間を余暇と労働に配分する。余暇時間を l とすると，労働時間は $1-l$ である。個人の予算制約式は，

$$(1 - \tau)w(1 - l) = c \tag{5.5}$$

である。ここで，c は消費，w は賃金率，$0 \leq \tau < 1$ は労働所得税率を表す。課税後賃金率 $(1-\tau)w$ のことを実質賃金率という。

　(5.5) 式は，

$$(1 - \tau)w = c + (1 - \tau)wl$$

と変形できる。左辺は，すべての時間を労働に使ったときに得られる労働所得を表す。右辺の第2項は，余暇の機会費用を表す。余暇の価格は実質賃金率であることが理解できよう。

効用関数を，

$$U = U(c, l) = c + u(l) \tag{5.6}$$

とする。余暇の限界効用は正かつ逓減的であり（$u' > 0, u'' \leqq 0$），消費の限界効用は1で一定であると仮定する。

（5.5）式を（5.6）式に代入すると，個人の最適化問題は次のように定式化できる。

$$\max_l U = u(l) + (1 - \tau)w(1 - l)$$

最適化の条件は，

$$u'(l) - (1 - \tau)w = 0 \tag{5.7}$$

である。（5.7）式は，余暇の限界効用が実質賃金率に一致する水準で最適な余暇が決まることを意味している。

（5.7）式から，余暇需要 l^* が得られる。労働供給は $1 - l^*$ である。

図 5-10 は，このモデルを図示したものである。横軸は余暇時間を表している。余暇の限界効用は右下がりの曲線で表せる。2本の水平線は，賃金率 w と実質賃金率 $(1 - \tau)w$ の水準を表す。個人は，税がないときは l_0 の余暇を選択し，税があるときは l^* の余暇を選択する。労働供給はそれぞれ $1 - l_0$，$1 - l^*$ である。

税がないときの社会的余剰は，五角形 $OABCF$ の面積で表される。台形 $OABl_0$ が余暇効用を，四角形 $BCFl_0$ が消費効用（＝労働所得）を表している。

税があるときの消費者余剰は，五角形 $OADEF$ の面積で表される。台形 $OADl^*$ が余暇効用，四角形 $DEFl^*$ が消費効用である。税により余暇効用は

5.5　余剰分析による税制の検討：労働所得税 ● 97

図 5-10 労働所得税

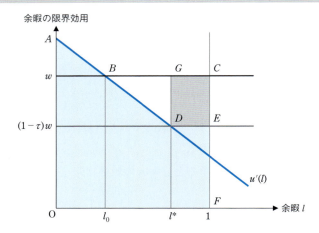

増え，消費効用は減ることが分かる。

税収は $\tau w(1-l^*)$ であるから，四角形 $GCED$ の面積で表される。税がないときと比較すると，三角形 BGD だけ余剰が不足する。この部分が労働所得税の死荷重である。三角形 BGD の高さ τw を一定とすると，限界効用曲線の傾きが緩やかであるほど底辺 BG が長くなり，死荷重が大きくなる。課税により実質賃金率が下がると，労働供給が大幅に減るのがその理由である。

■ 補論　数学補足

需要関数を $x=D(p)$，供給関数を $x=S(p)$ とおく。従量税率が $T \geqq 0$ のときの消費者価格 p^d，生産者価格 p^s は，

$$p^d - p^s = T \tag{A1}$$

$$D(p^d) = S(p^s) \tag{A2}$$

を解くことで得られる。解を $p^d = p^d(T), p^s = p^s(T)$ とおく。

消費者余剰の損失は，

$$L_d(T) = \int_{p_0}^{p^d(T)} D(p)dp$$

である。p_0 は税がないときの均衡価格を表し，定積分は，2 つの価格線と需要曲線の間の面積を表している。

T で微分すると，消費者余剰の限界損失は，

$$L_d'(T) = D(p^d)\frac{dp^d}{dT} \tag{A3}$$

で与えられる。

生産者余剰の損失は，

$$L_s(T) = \int_{p^s(T)}^{p_0} S(p)dp$$

である。T で微分すると，

$$L_s'(T) = -S(p^s)\frac{dp^s}{dT} \tag{A4}$$

である。

次に，$dp^d/dT, dp^s/dT$ を求める。(A1)，(A2) 式を T で微分する。

$$\frac{dp^d}{dT} - \frac{dp^s}{d\tau} = 1$$
$$D'\frac{dp^d}{dT} = S'\frac{dp^s}{dT}$$

これらの式から，

$$\frac{dp^d}{dT} = \frac{S'}{S'-D'} > 0$$

$$\frac{dp^s}{dT} = \frac{D'}{S'-D'} < 0$$

が得られる（$\because D' < 0, S' > 0$）。これらを（A3），（A4）式に代入すると，

$$L'_d(T) = \frac{DS'}{S'-D'}$$

$$L'_s(T) = -\frac{SD'}{S'-D'}$$

が得られる。これらの比を計算すると，

$$\frac{L'_d(T)}{L'_s(T)} = -\frac{DS'}{SD'} = \frac{p^d}{p^s}\frac{\varepsilon^s}{\varepsilon^d}$$

と表せる。ただし，$\varepsilon^d = -p^d D'/D$ は需要の価格弾力性，$\varepsilon^s = p^s S'/S$ は供給の価格弾力性である。

最後に，この式を $T = 0$ で評価すると，$p^d = p^s = p_0$ より，$L'_d(0)/L'_s(0) = \varepsilon^s/\varepsilon^d$ が得られる。

◆ 練習問題

1. 2人の消費者，2人の生産者からなる市場を考える。

各消費者の需要関数を，$x_1(p) = 50 - 0.5x$，$x_2(p) = 60 - p$ とする。

各生産者の供給関数を，$y_1(p) = p - 10$，$y_2(p) = 2p - 60$ とする。

(1) 市場需要関数 $D(p)$ を求めよ。

(2) 市場供給関数 $S(p)$ を求めよ。

(3) 均衡価格 p^* を求めよ。また，均衡における各消費者の需要量，各生産者の供給量を求めよ。

2. ある財の市場需要曲線を $D : p = 120 - 0.5x$，市場供給曲線を $S : p = x$ とする（x 数量，p 価格）。

(1) 平面 (x, p) 上に市場需要曲線，市場供給曲線を図示せよ。

(2) 市場均衡における消費者余剰，生産者余剰，社会的余剰を求めよ。

(3) 従量税 $T = 30$ を課すときの取引量，税収，死荷重の大きさを求めよ。

(4) 従価税を用いたときの税収が（3）の税収と同じであった。従価税率を求めよ。

3. ある財の市場需要関数を $x = D(p) = 200 - 2p$，市場供給関数を $x = S(p) = 3p$ とする（p は価格）。

(1) 市場均衡における価格と取引量を求めよ。

(2) 市場均衡での需要の価格弾力性，供給の価格弾力性を求めよ。

(3) 従量税 $T = 10$ が課されたときの取引量，消費者価格，生産者価格を求めよ。

(4) （3）における消費者と生産者の税の負担割合を求めよ。

4. 個人は1単位の時間を余暇 l と労働 $1 - l$ に配分する。余暇の限界効用を $u'(l) = 360 - 180l$ とし，賃金率を $w = 300$ とする。

(1) 余暇時間 l_0 を求めよ。

(2) 余暇効用と労働所得を求めよ。

(3) 税率 $\tau = 0.2$ の労働所得税が課されたときの余暇時間 l^* を求めよ。

(4) （3）のときの余暇効用と労働所得を求めよ。

(5) （3）のときの税収と死荷重を求めよ。

(6) 税率が20％のときの死荷重は，税率が10％のときの死荷重の何倍か。

第 **6** 章

最 適 課 税

■ **Introduction**

　前章で述べたように，課税は家計や企業に負担を強いるものである。国民の合意を得るためには，裁量的に税制を設計するのではなく，何らかの客観的ルールが必要である。本章では，最適課税の代表的ルールであるラムゼー・ルールを紹介する[1]。100年前の論文ではあるが，最適課税理論の中心に位置づけられるものである。1節では，経済モデルを用いてラムゼー・ルールを導出する。2節では，図を用いてラムゼー・ルールの仕組みを説明し，解釈する。最後に，ラムゼー・モデルへの批判や他分野への応用を紹介する。

■ 6.1　モ デ ル

　2つの財と，2人の個人，企業，政府からなる経済を考える。個人は，労働を供給し，財を消費する。企業は，労働を用いて財を生産する。政府は，消費税を徴収し，政府支出を賄う。

● 企　業

　企業は労働を用いて，2つの財 X, Y を生産する。財 Y を1単位生産する

1　Ramsey（1927）。

には労働が1単位必要であり，財 X を1単位生産するには労働が c 単位必要であるとする（$c>0$ は定数）。労働の価格である賃金率を1に基準化すると，完全競争の仮定の下で，財 Y の価格は1，財 X の価格は c となる。利潤がゼロなので，生産者余剰もゼロである。

● 個　人

個人 $i=1,2$ の効用関数を，

$$U_i(x_i, y_i) = u_i(x_i) + y_i \tag{6.1}$$

とする。添え字の i は個人を表す。x は財 X の消費量，y は財 Y の消費量を表す。財 X の限界効用は正かつ逓減的であり（$u_i'>0$，$u_i''\leqq0$），財 Y の限界効用は1で一定である。このような関数を準線型（quasi-linear）という。

予算制約式を，

$$m_i = p_i x_i + y_i \tag{6.2}$$

とおく。m_i は個人 i の所得を表す。賃金率が1なので，各個人の労働時間に一致する。y_i の係数が1であるのは，財 Y の価格が1だからである。p_i は，個人 i の直面する財 X の価格を表す。個人によって価格が異なるのは，政府が個人ごとに消費税を課すためである。個人 i に対する従量消費税率を τ_i とすると，

$$p_i = c + \tau_i \tag{6.3}$$

という関係式が成り立つ。c は財 X の生産者価格であり，これに従量税 τ_i を上乗せしたものが消費者価格となる。

（6.2）式を（6.1）式に代入し，y_i を消去すると，個人 i の最適化問題は，

$$\max_{x_i} u_i(x_i) + m_i - p_i x_i$$

と定式化される。最適化の条件は，

6.1　モデル　● 103

$$u_i'(x_i) - p_i = 0 \qquad (6.4)$$

である。財 X の限界効用が価格よりも大きいとき，個人は消費を増やそう
とする。逆に，限界効用が価格よりも小さいときは消費を減らそうとする。
効用が最大となるのは，限界効用と価格が一致するときである。

（6.4）式から，個人 i の需要関数 $x_i^* = x_i(p_i)$，$y_i^* = m_i - p_i x_i^*$ が得られる。こ
れらを（6.1）式に代入すると，個人 i の経済厚生を表す間接効用関数 $V_i(p_i)$
が得られる[2]。

$$V_i(p_i) = u_i(x_i^*) + m_i - p_i x_i^* \qquad (6.5)$$

税率を上げると，消費者価格が上昇し，経済厚生が低下する。この効果を
定量的に分析するには，微分法を用いればよい。x_i^* が p_i の関数であること
に注意して，（6.5）式を微分すると，

$$\frac{dV_i}{dp_i} = u_i' \frac{dx_i^*}{dp_i} - \left(x_i^* + p_i \frac{dx_i^*}{dp_i} \right) = -x_i^* \qquad (6.6)$$

が得られる。2 番目の等号は，（6.4）式を利用している。

価格 p_i が 1 単位上昇すると，x_i^* だけ経済厚生が低下する。その理由はこ
うである。財 X の消費が変わらないとすると，価格が 1 単位増えることで
支払額が x_i^* 単位増える。その結果，財 Y の消費量が x_i^* だけ減る。財 Y の
限界効用は 1 なので，厚生損失は x_i^* である。

実際には，価格が上がると財 X の消費が減る（$dx_i^*/dp_i < 0$）。消費量の変
化は，2 つの効果を持つ。一つは，消費効用が減るというマイナス効果であ
る（$u_i'(dx_i^*/dp_i) < 0$）。もう一つは，財 X の支払額が減り，その分，財 Y の
消費が増えるというプラス効果である（$-p_i(dx_i^*/dp_i) > 0$）。個人が最適消費
を選択しているとき，この 2 つの効果はちょうど相殺される。したがって，

2　間接効用関数で m_i を除いた部分 $u_i(x_i^*) - p_i(x_i^*)$ が消費者余剰である。

トータルの厚生損失は x_i^* となる。

● 政　府

政府は，政府支出 $G \geqq 0$ （一定）を賄うために，各個人から消費税を徴収する。政府の予算制約式は，

$$\tau_1 x_1^* + \tau_2 x_2^* = G \tag{6.7}$$

である。左辺が税収，右辺が政府支出である。（6.3）式を用いると，（6.7）式は，

$$(p_1 - c)x_1^* + (p_2 - c)x_2^* = G \tag{6.8}$$

と変形できる。財 X の価格 c は定数なので，消費税率 τ_1, τ_2 をコントロールすることと，消費者価格 p_1, p_2 をコントロールすることは同値である。

政府は，（6.8）式の予算制約の下で，社会的余剰が最大となるように p_1, p_2 を決める。社会的余剰とは消費者余剰，生産者余剰，税収の合計である。税収が余剰に含まれるのは，集められた税収は政府支出 G に使われ，その便益が何らかの形で国民に還元されるからである。

生産者余剰がゼロであることに注意すると，政府の最適化問題は次のように定式化される。

$$\max_{p_1, p_2} W = V_1(p_1) + V_2(p_2) + (p_1 - c)x_1^* + (p_2 - c)x_2^*$$
$$\text{s.t.} \quad (p_1 - c)x_1^* + (p_2 - c)x_2^* = G$$

ただし，$V_i(p_i)$ は（6.5）式で，x_i^* は（6.4）式で与えられる。

以下，制約条件付き最大化問題の解法として，ラグランジュ未定乗数法[3]を用いる。

ラグランジュ関数を，

3　次章末の補論を参照。

6.1　モデル ● 105

$$L = V_1(p_1) + V_2(p_2) + (p_1 - c)x_1^* + (p_2 - c)x_2^* + \lambda[(p_1 - c)x_1^* + (p_2 - c)x_2^* - G]$$

とおく。$\lambda > 0$ はラグランジュ乗数である。

最適化の条件は，

$$\frac{\partial L}{\partial p_1} = \frac{dV_1}{dp_1} + x_1^* + (p_1 - c)\frac{dx_1^*}{dp_1} + \lambda\left[x_1^* + (p_1 - c)\frac{dx_1^*}{dp_1}\right] = 0 \qquad (6.9)$$

$$\frac{\partial L}{\partial p_2} = \frac{dV_2}{dp_2} + x_2^* + (p_2 - c)\frac{dx_2^*}{dp_2} + \lambda\left[x_2^* + (p_2 - c)\frac{dx_2^*}{dp_2}\right] = 0 \qquad (6.10)$$

$$\frac{\partial L}{\partial \lambda} = (p_1 - c)x_1^* + (p_2 - c)x_2^* - G = 0 \qquad (6.11)$$

である。

3つの変数 p_1, p_2, λ について3本の方程式があるので解くことができる。解 $(p_1^*, p_2^*, \lambda^*)$ は，財 X の価格 c と政府支出 G の関数である。

（6.6）式を（6.9）式に代入し，整理すると，

$$(1 + \lambda^*)(p_1^* - c)\frac{dx_1^*}{dp_1} + \lambda^* x_1^* = 0 \qquad (6.12)$$

が得られる。この式は，個人1に対する最適課税ルールを表している。

（6.12）式を解釈するために，需要の価格弾力性を利用する。

$$\varepsilon_1 = -\frac{p_1}{x_1}\frac{dx_1}{dp_1} > 0 \qquad (6.13)$$

需要の価格弾力性とは，価格が1パーセント上昇するとき，需要が何パーセント減少するのかを意味する。価格には従量税が含まれるので，税率に反応して個人がどのくらい需要を減らすのかを表している。

（6.13）式を用いて（6.12）式を整理すると，

$$\frac{p_1^* - c}{p_1^*} = \frac{\lambda^*}{1 + \lambda^*} \frac{1}{\varepsilon_1} \tag{6.14}$$

が得られる。同様にして，個人 2 に対する課税ルールは，

$$\frac{p_2^* - c}{p_2^*} = \frac{\lambda^*}{1 + \lambda^*} \frac{1}{\varepsilon_2} \tag{6.15}$$

である。

　価格弾力性 $\varepsilon_1, \varepsilon_2$ が一定であると仮定しよう。解 $(p_1^*, p_2^*, \lambda^*)$ は，（6.14），（6.15）式，および（6.11）式から得られる。陽表的に解くことはできないが，（6.14），（6.15）式から，

$$\varepsilon_1 > \varepsilon_2 \iff p_1^* < p_2^*$$

が成立することが分かる。需要の価格弾力性の大きい個人には低い税率を，弾力性の小さい個人には高い税率を課すことを意味している。ラムゼー・ルール，あるいは，逆弾力性ルールという。

■ 6.2　図による理解

　通常の数量と価格で表される平面では，価格弾力性の意味を読み取ることが難しい。価格弾力性を視覚的にとらえるには，対数表示の数量と価格で表された平面を利用するのがよい。

　図 6-1 の左の図は，通常の数量と価格で表される平面において，需要の価格弾力性 ε が一定であるような需要曲線を描いたものである。c は財 X の限界費用を，$p = c + \tau$ は課税後価格を表す。価格が p であるときの需要量は x^* である。消費者余剰は価格線の上の面積 CS で，税収 τx^* は長方形の面積 T

図6-1 対数表示（変数変換）

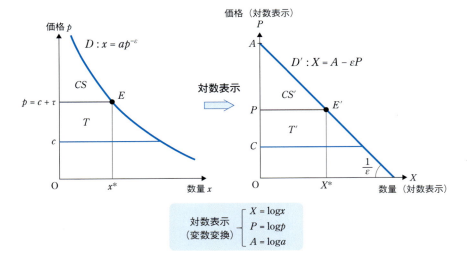

で表すことができる。

　図6-1の右の図は，対数表示の数量と価格を用いて需要曲線を図示したものである。需要の価格弾力性 ε が一定であるとき，(i) 需要曲線は直線で表され，(ii) 直線の傾きの絶対値は弾力性の逆数 ε^{-1} である[4]。右図の面積は，本来の消費者余剰や税収とは一致しない。しかし，大小関係を比較するのが目的であれば，右の対数表示の平面で十分である。

　図6-2は，個人1と個人2の需要曲線を対数表示の平面に図示したものである。個人1は個人2よりも価格に敏感であり，需要の価格弾力性が大きいと仮定している（$\varepsilon_1 > \varepsilon_2$）。さらに，2つの税率は同じであり，かつ政府の予算制約が満たされていると仮定している（$\tau_1 = \tau_2 = \bar{\tau}$, $T_1 + T_2 = G$）。以下，この状態からスタートして，税率を調整したとき，税収や消費者余剰がどのように変化するのかを調べる。

　図6-3は，税率を下げて，価格（対数表示）を1単位下げたときの消費者

4　章末の補論を参照。

図 6-2 対数表示の需要曲線

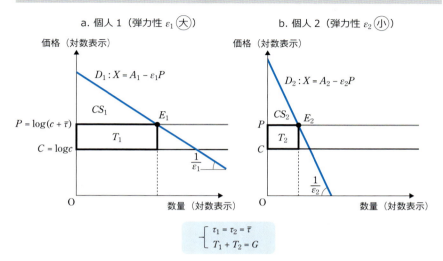

図 6-3 税率, 税収, 余剰

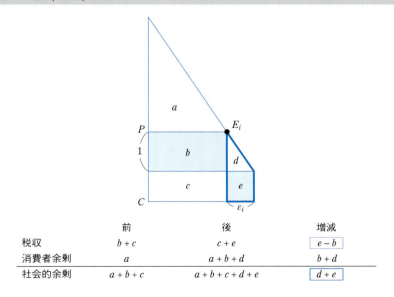

	前	後	増減
税収	$b + c$	$c + e$	$e - b$
消費者余剰	a	$a + b + d$	$b + d$
社会的余剰	$a + b + c$	$a + b + c + d + e$	$d + e$

6.2 図による理解

余剰と税収の変化を図示したものである。需要曲線の傾きの絶対値が ε_i^{-1} なので、価格が 1 単位下がると需要が ε_i だけ増える。これにより、社会的余剰は $(d+e)$ だけ増える。税収の増減は $(e-d)$ である。図から明らかなように、税率の下げ幅が同じであれば、ε_i の大きさに比例して社会的余剰が増加する。実際には、2 つの税率をともに下げると政府の予算制約が満たされないから、一方の税率を引き下げるときは、税収を一定に保つように、他方の税率を引き上げる必要がある。図から推察できるのは、弾力性の大きい個人 1 の税率 τ_1 を引き下げ、弾力性の小さい個人 2 の税率 τ_2 を引き上げることで、社会的余剰を増やすことができるという点である。

　税率 τ_1 を下げ、税率 τ_2 を上げるという操作はいつまでも続けることはできない。税率の変更は、個人 1 の税負担を個人 2 に転嫁することを意味している。税負担が増えると個人 2 の需要が減る。課税ベースが減るので、個人 2 に対する税率をさらに高く設定しないと必要な税収が集められない。つまり、社会的余剰の増加という限界便益と、税収の減少という限界費用が一致する水準で税率の調整が終了する。(6.14)、(6.15) 式は、調整が終了する条件を表している。

■ 6.3　ラムゼー・ルールへの批判

　ラムゼー・ルールは最適課税の代表的なルールであるが、批判もある。第 1 の批判は、公平性である。個人 1、個人 2 という設定を、財 1、財 2 と読み替えてもラムゼー・ルールは成立する。その場合、価格弾力性の大きい財には低い税率を、弾力性の小さい財には高い税率を課すという意味になる。通常、価格弾力性の大きい財をぜいたく品、弾力性の小さい財を必需品という。ぜいたく品に低い税率を課し、必需品に高い税率を課すという税制は、公平性の観点から問題がある。

110 ● 第 6 章　最 適 課 税

第2の批判は，実行可能性である。価格弾力性に個人差があるとしよう。理論上，個人ごとに個別の税率を設定する必要があるが，制度上の煩雑さを考えると現実味に欠ける。また，価格弾力性という私的情報を，政府が完全に把握できるのかという問題もある。さらに，財・サービスの転売が可能であれば，低弾力性・高税率の個人は，高弾力性・低税率の個人から直接購入することができ，当初の目論み通りの税収を確保することができなくなる。

■ 6.4　独占企業の差別価格

最適課税としての逆弾力性ルールは，独占企業の差別価格にも応用できる。財 X を独占的に供給する企業が，個人 $i=1,2$ に対して異なる価格 p_i を提示するケースを考える。個人 i の需要関数を $x_i(p_i)$ とし，財で測った限界費用を $c>0$（一定）とすると，独占企業の利潤は，

$$\pi = p_1 x_1(p_1) + p_2 x_2(p_2) - c[x_1(p_1) + x_2(p_2)]$$

と表される。利潤最大化の一階の条件は，

$$\frac{d\pi}{dp_i} = x_i + p_i \frac{dx_i}{dp_i} - c \frac{dx_i}{dp_i} = 0$$

である（$i=1,2$）。価格弾力性 $\varepsilon_i = -(p_i/x_i)dx_i/dp_i$ を用いると，

$$\frac{p_i - c}{p_i} = \frac{1}{\varepsilon_i} \tag{6.16}$$

と表すことができる。左辺の $(p_i - c)/p_i$ を，ラーナーの独占度という。(6.16) 式は，価格弾力性の大きい消費者には低い価格を，弾力性の小さい消費者には高い価格を提示することを意味している。

6.4　独占企業の差別価格 ● 111

■ 補論　対数表示と価格弾力性

　需要関数を，

$$x = D(p) = ap^{-\varepsilon} \tag{A6.1}$$

とする（$a > 0$，$\varepsilon > 0$ は定数）。

　（A6.1）式の両辺に自然対数をとると，

$$\log x = \log a - \varepsilon \log p \tag{A6.2}$$

と変形できる[5]。

（ⅰ）対数表示（変数変換）

　$X = \log x$，$P = \log p$，$A = \log a$ とおく。（A6.2）式は，

$$X = A - \varepsilon P \Leftrightarrow P = \frac{1}{\varepsilon}(A - X) \tag{A6.3}$$

と表せる。したがって，数量と価格を対数表示にすると，需要曲線は直線で表され，傾きの絶対値は ε^{-1} である。

（ⅱ）価格弾力性

　（A6.2）式の両辺を p で微分すると，

5　ネイピア数 $e = 2.718\cdots$ を底とする対数を自然対数という。変形には，次の対数の公式を用いる。

$\log AB = \log A + \log B$

$\log A^n = n \log A$

$$\frac{1}{x} \cdot \frac{dx}{dp} = -\varepsilon \cdot \frac{1}{p} \Rightarrow -\frac{p}{x}\frac{dx}{dp} = \varepsilon \qquad (A6.4)$$

が得られる（x が p の関数であることに注意する）[6]。

　したがって，（A6.1）式の価格の指数部分にある $\varepsilon > 0$ が価格弾力性を表している。

　（A6.4）式のような方程式を微分方程式という。（A6.4）式を満たす関数 $x = D(p)$ は，（A6.1）式しかないことを証明することができる。

参 考 文 献

Ramsey, F.P.（1927）A contribution to the theory of taxation, *Economic Journal*, **37**, 47–61.

6　次の 2 つの公式を用いた。

（ⅰ）対数関数の微分法

$$(\log x)' = \frac{1}{x}$$

（ⅱ）合成関数の微分法

$z = f(x)$，$x = x(p)$ のとき，

$$\frac{dz}{dp} = \frac{dz}{dx}\frac{dx}{dp} = f'(x(p))x'(p)$$

◆ **練習問題**

1. 以下の財・サービスの料金制度を調べ，ラムゼー・ルールが採用されているかどうかを論ぜよ。

　　電気，ガス，水道，鉄道，航空，バス，公営住宅，

　　ホテル，携帯電話，映画館，美術館，衛星放送

2. 市場需要関数を，$x = D(p) = ap^{-\varepsilon}$ とする（$a > 0$，$\varepsilon > 1$ は定数）。

(1) 価格が $c > 0$ であるときの消費者余剰を求めよ。

(2) 従量税 τ が課され，価格が $p = c + \tau$ となったときの税収と消費者余剰を求めよ。

(3) 従量税が上がると社会的余剰が減少することを示せ。

3. 独占市場の需要曲線を $D : p = 100 - 2x$ とする（x 数量，p 価格）。独占企業の費用関数を $C(x) = 20x$ とする。

(1) 独占均衡における取引量，価格，利潤を求めよ。

(2) ラーナーの独占度を求めよ。

(3) 独占均衡における需要の価格弾力性を求め，(6.16) 式が成立することを確かめよ。

第 **7** 章

公 共 財

■ Introduction

　政府の重要な役割の一つは，市場では供給されないが社会的には供給されることが望ましい財を供給することである。アダム・スミス（Smith, A.）の『国富論』にもあるように，港湾等がその例である。このような財は公共財とよばれる。市場メカニズムにもとづく供給決定ができないので，社会的に望ましい水準をどのようなメカニズムを通じて供給するかが問題となる。はじめに1節で公共財の特徴を説明し，2節で社会的な最適水準を考える。3節で各経済主体が自発的に供給する場合のナッシュ均衡を紹介し，4節では政府が市場の代わりに費用負担割合を決めるリンダール均衡を紹介する。5節および6節で公共財の性質から生じる「ただ乗り」の問題が最適水準の供給を困難にしていることが説明される。

■ 7.1　公共財の定義：排除不可能性と非競合性

　公共財を特徴づける性質として排除不可能性（非排除性）と非競合性が挙げられる。排除不可能性とは，対価を払わずにその財・サービスを消費することから便益を享受する経済主体を排除できない（排除費用が大きい）という性質をいう。たとえば，国防，警察，消防などがこの性質を持つとされる。国防について，そのための対価を支払わないからといって1人だけが危険にさらされることはないし，警察も対価を支払っているかどうかでサービスが

受けられないことはない。この排除不可能性は，その財・サービスがいったん供給されると，対価を支払わなくても消費からの便益を得られるので，受益が必ずしも負担と対応していない。そこで，この性質がいわゆる「ただ乗り」の誘因をもたらすといわれている。対照的に，市場で取引される財・サービスは対価を支払った経済主体だけがそれを消費することから便益を享受することができる。つまり受益と負担が対応している（「受益者負担原則」が成立している）。

非競合性は，ある経済主体が財・サービスの消費から便益を享受したとしても，他の人も同様にその財・サービスの消費からの便益を享受できるという性質をいう。たとえば，テレビ番組をある人が見ているとしても，他の人が見られなくなるわけではない。大学の講義も，教室にいる学生は他の学生が聴講しているからといって聴講できなくなるわけではない。つまり，財・サービスの消費において経済主体間で競合することがない。これに対して，市場で取引される私的財は，ある人が消費すると他の人は消費することができない。つまり，あなたがバナナを食べてしまうと，他の人はそのバナナを食べることができない。私的財は競合性を持つ。

排除不可能性と非競合性の２つの性質を同時に持つ財・サービスは純粋公共財とよばれ，いったん供給されるとすべての経済主体が同時に同量だけ消費できる。そこで「共同消費性」あるいは「等量消費性」を持つといわれる。現実社会には，この純粋公共財と考えられる財・サービスは国防サービスなど，それほど多くなく，排除不可能性はあるが競合性を持つ財や排除可能であるが非競合的である財が多い。両方の性質が同時に成立しない財は準公共財とよばれる。

たとえば市街地の道路は排除不可能性が成立している可能性が高く，走っている車が１台だけのときは非競合性を持つと考えられるが，車の数が増えてその道路が混在する場合には，競合性が生じる。また，テレビ放送は電波が届く範囲内では非競合性を持つと考えられるが，技術的には対価を支払わない経済主体を視聴できないように排除することは可能である。しかし，

番組によっては，排除して放送する費用が，電波が届く範囲内の経済主体が排除されることなく視聴することによって得られる社会的便益より大きい可能性がある。したがって，準公共財についても，市場にその供給を委ねることが望ましいとはいえない。

排除不可能性や非競合性は財の性質であり，それらの供給主体が公的部門であるか民間部門であるかを問わないことに注意が必要である。公的部門が供給する財であっても競合的で排除可能な財は市場に任せるべきであり，逆に民間部門が供給する財であっても排除性と競合性が満たされない財の場合には，市場に供給を委ねることが望ましいとは限らない。

■ 7.2 公共財のパレート効率的供給

以下の議論では，公共財の特徴を明確にするために，純粋公共財を説明の対象とする。経済主体 A および B の 2 人からなり，公共財と私的財が 1 財ずつ生産・消費される経済を考える。本節では，公共財のパレート効率的供給条件を求める。

純粋公共財の「共同消費」性を考慮すると，公共財の供給量を Y，各個人の公共財消費量を y^i $(i=A,B)$ としたとき

$$Y = y^A = y^B \tag{7.1}$$

が成立する。この経済の生産技術が以下のような生産可能性曲線で描かれるとする。

$$F(X, Y) = 0 \tag{7.2}$$

ここで X は経済全体の私的財生産量を表し，Y は公共財生産量を表す。経済主体 i の選好が効用関数

$$u^i = u(x^i, y^i) \tag{7.3}$$

で表されると仮定する（$i = A, B$）。ここで y^i は公共財の消費量，x^i は私的財の消費量である。生産と消費の実現可能性は以下の条件で与えられる。

$$X = x^A + x^B \tag{7.4a}$$

$$Y = y^A = y^B = y \tag{7.4b}$$

私的財については2人の消費量の合計が生産量に等しく，公共財については2人の消費量が生産量に等しい。

パレート効率的資源配分は，(7.2) 式と (7.4a,b) 式およびいずれか1人の効用水準が任意の水準（たとえば $\overline{u}^B$ の水準とする）未満にならないという制約の下でもう1人の効用水準を最大化することで得られる。

この制約付き最大化問題を，ラグランジュ未定乗数法[1]を使って解いてみる。まず計算を簡単にするために (7.4b) 式の制約は他の制約式に代入する。ラグランジュの未定乗数を制約 (7.2) 式については λ，制約 (7.4a) 式については β そして制約 $u^B(x^B, Y) \geq \overline{u}^B$ については γ として，ラグランジュ関数を以下のように定義する。

$$L = u^A(x^A, Y) - \lambda F(X, Y) + \beta(X - x^A - x^B) + \gamma(u^B(x^B, Y) - \overline{u}^B)$$

最大化のための一階の条件は

$$\frac{\partial L}{\partial x^A} = \frac{\partial u^A}{\partial x^A} - \beta = 0 \tag{7.5a}$$

$$\frac{\partial L}{\partial Y} = \frac{\partial u^A}{\partial Y} + \gamma \frac{\partial u^B}{\partial Y} - \lambda \frac{\partial F}{\partial Y} = 0 \tag{7.5b}$$

$$\frac{\partial L}{\partial x^B} = -\beta + \gamma \frac{\partial u^B}{\partial x^B} = 0 \tag{7.5c}$$

1　章末の補論を参照。

$$\frac{\partial L}{\partial X} = \beta - \lambda \frac{\partial F}{\partial X} = 0 \tag{7.5d}$$

および制約式である。条件（7.5a,b,c,d）式からラグランジュ乗数を消去すると，以下の条件を得ることができる。

$$\frac{\dfrac{\partial u^A}{\partial Y}}{\dfrac{\partial u^A}{\partial x^A}} + \frac{\dfrac{\partial u^B}{\partial Y}}{\dfrac{\partial u^B}{\partial x^B}} = \frac{\dfrac{\partial F}{\partial Y}}{\dfrac{\partial F}{\partial X}} \tag{7.6}$$

（7.6）式の左辺の第1項は個人Aの公共財と私的財の間の限界代替率（MRS）$-dx^A/dY = (\partial u^A/\partial Y)/(\partial u^A/\partial x^A)$である。左辺の第2項は個人$B$の公共財と私的財の間の限界代替率を表している。限界代替率は，その消費の組合せにおいて，公共財消費を追加的に1単位増やすとき，効用水準が変化しないような私的財の変化を示す。つまり，公共財の1単位の増加に対して私的財で測ってどれだけの大きさを支払う用意があるかを示す。そのため「支払意思額（willingness to pay）」といわれる。

他方，（7.6）式の右辺は公共財と私的財の間の限界変形率（Marginal rate of transformation, MRT）$-dX/dY = (\partial F/\partial Y)/(\partial F/\partial X)$である。これは経済の資源を効率的に生産に投入しているとき，その生産の組合せにおいて，公共財を追加的に1単位余分に生産するときに私的財の生産をどれだけ減少させなければならないかを表す。いわば，公共財を追加的に1単位生産するための限界費用を私的財で表した大きさである。したがって，個人iの限界代替率をMRS^iと書くと，条件（7.6）式は

限界代替率の和（$MRS^A + MRS^B$）＝限界変形率（MRT）　　　（7.7）

と書くことができる。各個人の支払意思額合計が限界費用に等しい。この条件はサミュエルソン・ルール（Samuelson rule）といわれる[2]。

2　Samuelson（1954, 1955）を参照されたい。

7.2　公共財のパレート効率的供給 ● 119

図 7-1 公共財のパレート効率的供給

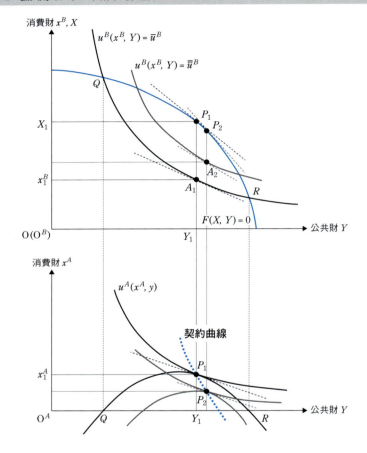

サミュエルソン・ルールを図 7-1 で説明してみよう。上の図の横軸に公共財の数量が，縦軸には消費財の数量が測られている。制約 (7.2) 式は経済の財生産の組合せが生産可能性曲線の上になければならないことを示す。説明のために点 P_1 の組合せ (Y_1, X_1) をとってみる。2 人の公共財消費量は Y_1 となる。個人 B の効用水準に関する制約から，個人 B の消費の組合せが無差別曲線 $u^B(x^B, Y) = \overline{u}^B$ 上かその東北（右上）方向になければならない。公

共財消費が Y_1 であるので，この制約を満たすには個人 B の私的消費は x_1^B より大きくなければならない。したがって残りの制約（7.4a）式は，個人 A の私的財消費量が $X - x_1^B$ であれば満たされる。公共財消費量 Y_1 に対応して，個人 B の私的財消費量が x_1^B であれば，個人 A の効用水準は最大となる。この個人 A の消費組合せ $(Y_1, X_1 - x_1^B)$ を下の図にプロットしたのが点 P_1 である。生産可能性曲線上の点 Q から点 R まで生産される財の組合せを変化させ，上と同様に個人 A にとって消費可能な財の組合せをプロットすると下の図の逆 U 字形の曲線 QR が得られる。この曲線がすべての制約条件を満たす (Y, x^A) を与える。

　個人 A の効用水準は下の図の無差別曲線で表される。そこで，曲線 QR 上の組合せで個人 A の効用を最大にする財の組合せを求めると，点 P_1 になっていることを確かめることができる。点 P_1 における生産可能性曲線の接線の傾きは $-dX/dY \, (= MRT)$ であり，個人 B の無差別曲線上の点 A_1 における接線の傾きは $-dx^B/dY \, (= MRS^B)$ なので，下の図の曲線 QR 上の点 P_1 における接線の傾きは $(-dX/dY) - (-dx^B/dY) \, (= MRT - MRS^B)$ となる。点 P_1 で個人 A の無差別曲線は曲線 QR に接しているので，接線の傾きは等しく，$(-dX/dY) - (-dx^B/dY) = (-dx^A/dY)$ となる。つまり $MRT - MRS^B = MRS^A$ が成立する。したがって，パレート効率的な資源配分では（7.7）式が成立する。

　これまでの説明では個人 B の効用水準を恣意的に $\bar{u}^B$ の水準に固定していたが，他の水準についても同様にパレート効率性を満たす資源配分を考えることができる。たとえば，個人 B の効用水準の制約をより高い $\bar{\bar{u}}^B \, (> \bar{u}^B)$ に設定してパレート効率性を考えると，図 7-1 の点 P_2 における配分となる。このようにして様々な個人 B の効用水準に対応するパレート効率的な資源配分を求めると，図 7-1 の下の図の太い点線のような組合せが得られる。それらはすべてパレート効率性を満たすので，この場合の契約曲線と考えることができよう。

7.2　公共財のパレート効率的供給　● 121

■7.3　公共財の自発的供給：ナッシュ均衡

　本節ではパレート効率的な公共財水準が個人の自発的な活動によって達成されるかどうかを見る。各個人は，他の人の公共財供給量を予想して，それにもとづいて自分の効用を最大にするという意味で望ましい公共財数量を決定すると仮定する。このように他の人の選択のそれぞれに対応して個人がとる戦略行動をゲームとみなすと，ここでの問題はナッシュ均衡を見つける問題ということができる。ナッシュ均衡は，ゲームに参加するいかなる個人も，自分だけが一方的に戦略を変更しても利得を増やすことができない状況である。したがって，ナッシュ均衡では誰も戦略を変更しようとはしない。

　さて，個人 A と B からなる経済で，私的財と公共財の2種類の財があると考える。公共財の価格は私的財で測って p の大きさで一定であると仮定する。2人の個人の初期所得は所与とする。

　個人 A は，個人 B の公共財供給量に関する予想 y^B に対応して初期所得 I^A を，効用 $u^A = u^A(x^A, Y)$ を最大にするように私的財消費 x^A と公共財供給 y^A に配分する。予算制約は

$$I^A = x^A + py^A \tag{7.8}$$

である。ここで個人 A は個人 B の公共財供給を y^B と予想しているので，自分の供給量と合わせて経済全体の公共財供給量は $Y = y^A + y^B$ となると考えて最適計画を決定する。いいかえると

$$I^A = x^A + p(Y - y^B) \tag{7.8$'$}$$

の制約の下で (x^A, Y) を選択するということができる。効用最大化条件から

図 7-2 個人 A の最適化

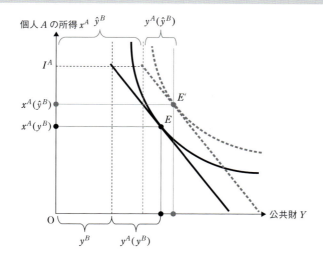

$$\frac{\dfrac{\partial u^A}{\partial Y}}{\dfrac{\partial u^A}{\partial x^A}} = p \tag{7.9}$$

を得る。私的財と公共財の間の限界代替率が公共財価格に等しくなるように資源配分が決定される。(7.8′) 式と (7.9) 式から，個人 B の公共財供給 y^B に対応して，最適な私的財消費と公共財消費 $(x^A(y^B), Y(y^B))$ が決まる。個人 A の最適公共財供給は $y^A = Y(y^B) - y^B \equiv \nu^A(y^B)$ で与えられる。$y^A = \nu^A(y^B)$ は**ナッシュ反応関数**である。反応関数は個人 B の公共財供給に関する予想が変化したとすると，個人 A の公共財供給も変更されることを表している。この反応関数の性質を見るために個人 A の最適化行動を，図 7-2 を用いて説明する。

図 7-2 の縦軸は個人 A の私的財消費量を測り，横軸に公共財消費量を測っている。個人 B の公共財供給が y^B のとき，個人 A の最適点は無差別曲線と予算線の接する点 E で与えられる。個人 B の公共財供給が $\hat{y}^B$ に増加す

7.3 公共財の自発的供給：ナッシュ均衡 ● 123

図 7-3 ナッシュ均衡

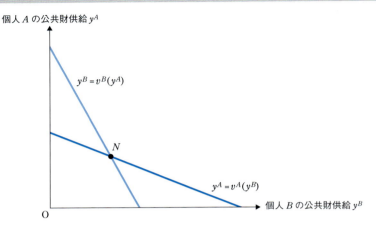

ると最適点は点 E' となる。個人 B の公共財供給量の増加は増加量だけ予算線を右側にシフトさせる。個人 B の公共財供給増加は，元の私的財消費水準に比べて公共財を過剰にするので，個人 A は公共財供給を減少させる。

他方，個人 B の公共財供給の増加は個人 A にとって所得の増大と同じ効果を持ち，私的消費と公共財消費がともに下級財ではないとすると，私的財と公共財の両方の需要量を増大させる。したがって，限界消費性向は 1 より小さいので，個人 A の公共財消費量は個人 B の公共財供給量ほどには減少しない。つまり，$-1 < v^{A\prime}(y^B) < 0$ である。

個人 B についても同様の議論によって，ナッシュ反応関数 $y^B = v^B(y^A)$ が得られ，$-1 < v^{B\prime}(y^A) < 0$ である。

図 7-3 には，2 人の個人の反応関数が説明のために直線で描かれている。縦軸に個人 A の公共財供給 y^A が測られ，横軸に個人 B の公共財供給 y^B が測られている。この図から，個人 A と個人 B がそれぞれ，相手の行動を所与として自分の効用を最大にするように自発的な公共財供給量を決めようとするとどうなるかが分かる。点 N がナッシュ均衡である。この点に対応する 2 人の公共財供給量はそれぞれの反応関数の上にあるので，自分だけ一方

的に供給量を変更しても効用を上げることができない。

　ナッシュ均衡では各個人は（7.9）式を満たすように資源配分を行っているので次式が成り立つ。

$$\frac{\dfrac{\partial u^A}{\partial Y}}{\dfrac{\partial u^A}{\partial x^A}} + \frac{\dfrac{\partial u^B}{\partial Y}}{\dfrac{\partial u^B}{\partial x^B}} = 2p > p \tag{7.10}$$

　2人の限界代替率の和 $MRS^A + MRS^B$ は公共財価格（$=MRT$）の2倍となっており，サミュエルソン・ルールを満たさないので，この資源配分はパレート効率性を満たさない。（7.10）式の左辺のいわば公共財の社会的限界便益がパレート効率における水準よりも大きいので，公共財供給はパレート効率水準に比べて過少になっているということができる[3]。

■ 7.4　公共財の公的供給：リンダール均衡

　市場メカニズムに任せず，政府が市場の代わりに以下のようなメカニズムにしたがって公共財を供給すると考える。

① 政府が各経済主体にそれぞれの負担比率を提示する
② 各経済主体はその負担比率のもとで最適な公共財需要量を政府に対して表明する
③ 政府は各経済主体から表明された需要水準に応じてそれぞれの負担比率を調整する
④ すべての経済主体が表明する公共財水準が等しくなる水準を決定し供給する

3　右辺の社会的限界費用が一定であることによる。

政府は④が実現するまで，繰り返し，③負担率の調整を行う。このような
メカニズムは提案者の名前にちなんでリンダール・メカニズムとよばれる。
再び2人の個人からなる経済を考え，私的消費財で測った公共財の価格はp
で一定であると仮定する。

　個人Aは以下のような最適化問題を解いて公共財需要を政府に申告する。
政府から提示された公共財の負担割合を所与として，効用が最大になるよう
に所得を私的消費と公共財消費に配分する。前節と同様に，個人Aの所得を
I^Aとし，効用関数を$u^A = u^A(x^A, Y)$とする。政府から提示された公共財の負
担割合をτ（$0 < \tau < 1$）で表すと，個人Aの予算制約は以下のようになる。

$$I^A = x^A + \tau p Y \tag{7.11}$$

最適消費計画は予算制約（7.11）式の下で効用を最大にする(x^A, Y)であ
り，次の条件を満たす。

$$\frac{\partial u^A}{\partial Y} \Big/ \frac{\partial u^A}{\partial x^A} = \tau p \tag{7.12}$$

私的財と公共財の間の限界代替率MRS^Aが個人Aにとっての公共財価格
τpに等しい。政府に表明する公共財需要は公共財の負担割合に依存するが，
それを$Y = l^A(\tau)$と書くことにする。この関数はリンダール反応関数とよば
れる。ここで後の議論のために，個人Aの公共財の負担割合が変化した場合
の公共財需要に与える影響を検討しよう。個人Aの最適化が図7-4に描か
れている。

　個人Aの公共財負担割合がτのとき，個人Aの最適点は（7.12）式の条件
で表されているように，無差別曲線が予算線と接する点Eである。個人A
の負担率がτ'（$\tau' > \tau$）に上昇すると，新しい公共財価格の下では予算線の傾
きが急になる。新しい予算線が点線で描かれている。個人Aはこの予算線の
下で効用を最大化するので，最適点はE'になる。公共財が下級財でないと
すると，公共財価格上昇によって政府に報告する公共財需要量は低下する。

図 7-4　個人 A の最適化

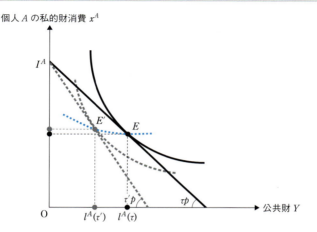

連続的に公共財負担率が変化するときの価格消費曲線が図 7-4 の E と E' を通る点線で示されている。この価格消費曲線を負担率と公共財需要量の空間に描いたのが図 7-5 で，描かれている曲線がリンダール反応関数である。説明のために直線で描かれている。

個人 B についても同様の議論からリンダール反応関数 $Y = l^B(1-\tau)$ を求めることができる。個人 B についても，リンダール反応関数の上の点では限界代替率 MRS^B が個人 B の公共財価格 $(1-\tau)p$ に等しくなっている。

次にリンダール均衡を考える。リンダール均衡は 2 人の負担率の合計が 1 で，しかも 2 人の報告する公共財需要量が等しくなっている状態である。図 7-5 の縦軸の 1 から個人 A の負担率 τ を引いた長さが個人 B の負担率 $1-\tau$ なので，下向きに個人 B の負担率を測ると，2 人のリンダール反応関数を図 7-6 のように同一の空間に描くことができる。リンダール均衡は 2 人の反応関数の交点 L で与えられる。リンダール均衡では

$$Y^* = l^A(\tau^*) = l^B(1-\tau^*) \tag{7.13}$$

が成立し，リンダール反応関数の上の点では各個人について限界代替率が公

図 7-5　リンダール反応関数

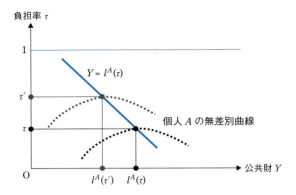

図 7-6　リンダール均衡

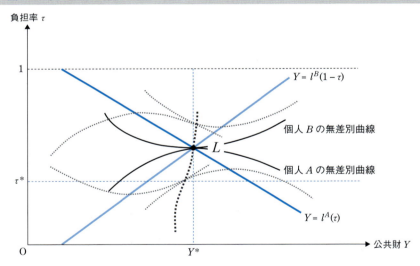

共財価格に等しいので

$$MRS^A + MRS^B = \tau^* p + (1-\tau^*)p = p(=MRT) \tag{7.14}$$

が成立する。(7.14) 式はサミュエルソン・ルールと一致するので，リン

ダール・メカニズムがパレート効率的な公共財供給を実現することを意味している。

ここでパレート効率性が満たされることを図で説明しよう。まず，図 7-4 で見たように，負担割合の上昇は予算線の変更を通じて，個人の効用を低下させることが確認できる。したがって，たとえば，個人 A のリンダール反応関数に沿って左上から右下に動くと，負担率の低下にともなって各負担率に対応して最大化される効用水準が上昇することが分かる。逆に右下から左上方向には効用水準が低下する。

他方，負担率 τ が変化しないとして，効用が最大化されている点 E から予算制約を満たしながら公共財需要を減らすと私的財消費は増加するが，予算線の点は原点により近い無差別曲線と交わるので効用水準は低下している。逆に予算線上で公共財需要を増加させても，効用水準が低下することが分かる。ある負担率の下で予算線に沿って公共財需要を変化させることは，図 7-6 では水平方向の動きに対応する。したがって，ある負担率の下でリンダール反応関数から右側に動いても左側に動いても効用水準が低下することが分かる。

そこで，個人 A について，たとえば点 L と同じ効用水準をもたらす負担率と公共財消費量との組合せを考えると逆 U 字の形になることが分かる。これを，この空間における個人 A の無差別曲線と考えることができる。リンダール反応関数上の他の点についても同様に無差別曲線が得られる。リンダール反応関数上の点が無差別曲線の頂点になっており，接線の傾きは水平である。この無差別曲線は，上に凸で交わらない。

個人 B についても同様に無差別曲線群が描け，点 L ではリンダール反応関数が交わっていることから，2 人の個人の無差別曲線が接していることが確認できる。2 人の無差別曲線の接している軌跡が契約曲線であり，太い点線で描かれている。リンダール均衡は契約曲線上の点になっており，パレート効率であることが確認できる。

7.4 公共財の公的供給：リンダール均衡 ● 129

■ 7.5　リンダール均衡とただ乗り

　リンダール均衡では政府が個人からの報告にもとづいて公共財供給費用の負担割合と供給水準を決めると仮定されていた。一般的に経済には多くの個人がいるので，負担率の調整をすることは膨大な情報量を必要とする。情報技術が十分に進歩すれば，この困難はかなりの程度緩和される可能性もある。しかし，より深刻な問題は，個人が真の選好を正直に政府に報告するかどうかである。パレート効率性は個人の選好を前提としており，個人の報告が真実でなければ効率性を実現できない。この点について考えてみよう。問題は個人が真の選好にもとづいて報告しようとするかどうかである。

　説明のために，個人 B は真の選好にもとづいて公共財需要を政府に報告をするのに対し，個人 A が公共財に対する選好が真の大きさより小さいと偽って政府に報告すると仮定する。すなわち，図 7-7 において，個人 A のリンダール反応関数が真の選好にもとづく点線ではなく，あたかも左下に位置する実線の位置にあるかのように政府に報告すると仮定してみる。政府は報告された公共財需要にしたがって負担割合と公共財供給量を決めようとするので，この場合には点 L' で各個人の負担割合と公共財供給量が決まることになる。

　個人 A の点 L' を通る無差別曲線は点 L を通る無差別曲線よりも右下にあるので，個人 A の点 L' における効用水準は点 L における効用水準より高くなっている。他方，個人 B の効用水準は，点 L' を通る無差別曲線が点 L を通る無差別曲線よりも左下にあるので，低下している。すなわち，真の選好にもとづいて正直に政府に報告する個人 B の効用水準はより低くなり，偽りの報告をする個人 A の効用水準は真の選好を正直に報告する場合に比べてより高くなる。したがって，負担率の各水準に対応して，公共財に対する選好がより小さいかのような偽りの報告をすることで真の報告をする場合より

130 ● 第 7 章　公　共　財

図 7-7 ただ乗りの誘因

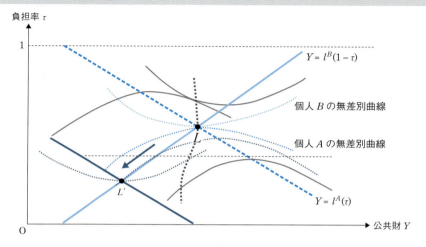

もより高い効用を得られるので，個人 A には偽りの報告をする誘因がある。いいかえれば，負担率をより小さくして，より高い効用を得るという意味で，ただ乗りをしようとする誘因があることになる。しかも，公共財需要を過少に報告すればするほど，ただ乗りからの利益は大きくなる。そして，この誘因は個人 A だけでなく，すべての個人にもある。すべての個人が偽りの報告をする場合には，公共財供給量はパレート効率な水準に比べてかなり小さくなる可能性がある。

したがって，ただ乗りの誘因を抑制できない限り，リンダール均衡の効率性は達成されないことになる。しかし，リンダール・メカニズムにはそのような機能は組み込まれていない。

7.6 ただ乗りの防止と現実性

すべての個人がただ乗りを試みると，極端な場合には，公共財は供給され

ないかもしれない。そこで最後に2つの問題を議論する。一つはただ乗りをさせないメカニズムを考えることは可能かということであり、もう一つは実際のところすべての人がただ乗りを必ず望むか、ということである。

　まず、なぜ偽りの報告をしようとするかといえば、自分の報告が自分の負担に影響を与えうるからである。もし、自分の負担が、自分の公共財需要の報告と無関係に決まるとすれば、偽りをいうことが個人にとって合理的とはいえなくなるのではないか。たとえば、ある個人の公共財供給費用の負担を、公共財供給の限界費用から、この個人以外の他の個人が報告する限界便益の合計を差し引いた額とするというルールによって、むしろ真の限界便益を報告することが偽りの報告をするよりも有利な戦略となることが示されうる。このようなメカニズムはこれを示した研究者の名前にちなんでクラーク・グローブス・メカニズム（Clarke-Groves mechanism）といわれる。個人が公共財の真の限界便益を正直に表明しようとしないという誘因が存在しない公共財供給メカニズムは個別誘因両立的であるといわれる。しかし、このような複雑なメカニズムを現実に実施することは非常に困難であると考えられている。

> ◎ **Point7.1**
> ただ乗り問題が、公共財の最適供給を困難にしている

　他方、現実に公共財供給に関する決定はただ一回しかなされないわけではなく、繰り返し様々な形で行われると考えられる。決定が一度であれば、偽りの報告をして大きな利得を得られる可能性があるが、その後に行われる決定では、全体の便益が低下するのを避けるために、偽りの報告を避けるようになるかもしれない。実際に、公共財供給が行われなくなる事態は頻繁には観察されていないように思われる。この点に関して、近年活発に研究が進められてきている実験経済学の実験によっても同様の示唆が得られることが報告されている[4]。

4　西條（2007）などを参照されたい。

■ 補論 ラグランジュ未定乗数法 ：等号制約条件付き極値問題

制約条件 $g(\mathbf{x}) = 0$ の下で，関数 $f(\mathbf{x})$ を極大（または極小）にするという問題を考える。ここで $\mathbf{x} = (x_1, x_2, \cdots, x_n)$ は次数が n のベクトルである。以下では説明の簡単化のために次数が 2 の 2 次のベクトルを仮定する。この制約条件付き極値問題は一般的に

$$\max_{x_1, x_2} f(x_1, x_2) \quad (\text{または} \min_{x_1, x_2} f(x_1, x_2)) \quad \text{s.t.} \quad g(x_1, x_2) = 0$$

と書かれる。

この問題は次のように解くことができる。制約条件式の $g(x_1, x_2)$ に新しい変数 λ を掛けたものに目的関数 $f(x_1, x_2)$ を加えて，新しい関数

$$L(x_1, x_2, \lambda) = f(x_1, x_2) + \lambda g(x_1, x_2) \tag{A7.1}$$

を形式的につくる。この関数がある点 $(x_1^0, x_2^0, \lambda^0)$ で極値をとるための必要条件は

$$\frac{\partial L}{\partial x_i} = \frac{\partial f}{\partial x_i}(x_1^0, x_2^0, \lambda^0) + \lambda \frac{\partial g}{\partial x_i}(x_1^0, x_2^0, \lambda^0) = 0 \quad (i = 1, 2) \tag{A7.2}$$

$$\frac{\partial L}{\partial \lambda} = g(x_1^0, x_2^0) = 0 \tag{A7.3}$$

で与えられる。（A7.3）式は制約条件式が極値をとる点で満たされることを表している。

なお，（A7.2）式および（A7.3）式を満たす $(x_1^0, x_2^0, \lambda^0)$ が極小値を与えるための十分条件は

$$
\begin{vmatrix}
0 & g_1(\mathbf{x}^0) & g_2(\mathbf{x}^0) \\
g_1(\mathbf{x}^0) & L_{11}(\mathbf{x}^0, \lambda^0) & L_{12}(\mathbf{x}^0, \lambda^0) \\
g_2(\mathbf{x}^0) & L_{21}(\mathbf{x}^0, \lambda^0) & L_{22}(\mathbf{x}^0, \lambda^0)
\end{vmatrix} < 0 \tag{A7.4}
$$

であり，(A7.2) 式および (A7.3) 式を満たす $(x_1^0, x_2^0, \lambda^0)$ が極大値を与えるための十分条件は

$$
\begin{vmatrix}
0 & g_1(\mathbf{x}^0) & g_2(\mathbf{x}^0) \\
g_1(\mathbf{x}^0) & L_{11}(\mathbf{x}^0, \lambda^0) & L_{12}(\mathbf{x}^0, \lambda^0) \\
g_2(\mathbf{x}^0) & L_{21}(\mathbf{x}^0, \lambda^0) & L_{22}(\mathbf{x}^0, \lambda^0)
\end{vmatrix} > 0 \tag{A7.5}
$$

である。関数の添え字はその変数に関する偏微係数であることを表す。(A7.4) 式および (A7.5) 式の不等号の左辺は縁付きヘッセ行列とよばれる行列式の値を表す。(A7.4) 式の条件が満たされるとき，縁付きヘッセ行列が負値定符号行列であるといわれる。(A7.5) 式が満たされるとき縁付きヘッセ行列が正値定符号行列であるといわれる。

参 考 文 献

西條辰義（編著）（2007）『実験経済学への招待』NTT 出版

Samuelson, P. A. (1954) The pure theory of public expenditure. *Review of Economics and Statistics*, **36**(4), 387–389.

Samuelson, P. A. (1955) Diagrammatic exposition of a theory of public expenditure. *Review of Economics and Statistics*, **37**(4), 350–356.

◆ 練習問題

1. 2人の個人 A および B からなる経済を仮定する。こ経済の初期資源を $I=150$ とし，この資源が消費にも公共財生産にも使われるものとする。消費財1単位は初期資源1単位から生産され，公共財1単位は初期資源5単位で生産される。経済全体の消費を X，公共財消費を Y で表す。また，2人の個人の効用関数が，それぞれ，$u^i = x^i Y$ で表されると仮定する（$i=A,B$）。ここで x^i は個人 i の消費財の消費量を表す。このとき以下の問いに答えなさい。

(1) この経済の生産可能曲線を求めなさい。

(2) パレート効率的な資源配分における公共財消費量を求めなさい。

(3) 公共財の自発的供給を考える。各個人の初期資源量（所得）がそれぞれ $I^A=90$ および $I^B=60$ であるとして，各個人のナッシュ反応関数を求めなさい。個人 A および B の公共財供給量をそれぞれ y^A および y^B としなさい。公共財価格 p は消費財の量で測ると $p=5$ である。

(4) 各人の自発的供給によって供給される公共財の経済全体の合計を求め，パレート効率水準と比較しなさい。そして，それらが異なる理由を簡単に述べなさい。

(5) 次に，リンダール均衡を考える。政府が告知する個人 A の公共財限界費用の負担割合を τ とすると，個人 B の負担割合は $1-\tau$ である。公共財価格が $p=5$ であるとして，2人のリンダール反応関数を求めなさい。ただし，(3) と同様の初期資源保有を仮定しなさい。

(6) リンダール均衡における2人の公共財負担割合を求めなさい。また，そのときの2人の公共財消費量を求め，パレート効率水準と比較しなさい。

練習問題 ● 135

第 8 章

外 部 性

■ **Introduction**

　第 3 章で説明されたように，すべての経済取引が市場を通じてなされる場合には，完全競争的な市場はパレート効率な資源配分を実現する。しかし，現実には，ある経済主体の活動が，市場取引を通さないで，他の経済主体に直接影響を与えることがしばしば生じる。市場取引を通さない影響なので市場の最適資源配分機能は働かない。このような影響は外部性あるいは外部経済効果とよばれる。いわゆる「市場の失敗」である。はじめに 1 節で外部性について説明し，2 節で外部効果の最適化のためのピグー税・補助金および相互交渉について説明する。3 節では，外部性の最適化ではなく，技術的な排出（外部性）目標を達成するためのボーモル・オーツ税を，4 節では排出権取引市場について紹介する。5 節では「共有地の悲劇」について説明する。6 節では経済発展と環境問題について考える。

■8.1　は じ め に

　Introduction で述べたように，ある経済主体の行動が市場を通じないで他の主体に与える影響は技術的外部性ともいわれる。たとえば，川上の工場が汚水を（費用をかけて）処理しないで流す場合には，川下の経済主体は川の水をそのまま利用できないので，自分で浄化する必要が生じるかもしれない。また，ある住民の庭がきれいに整備されている場合には，（整備費用を支

払っていない）近隣の住民に快適さをもたらすかもしれない。川下の経済主体のように不利益が生じている場合には，外部不経済効果が生じているといい，近隣住民のように利益が生じている場合には外部経済効果が生じているという。いずれの場合にも外部経済効果や外部不経済効果を与えている経済主体が，他の主体が受けている影響について考えないで，自らの経済活動について意思決定をしていることが特徴である[1]。

環境問題として特に注目されるのが外部不経済効果であることから本章では，外部不経済効果について考察する。

■8.2 外部不経済効果と「市場の失敗」

部分均衡分析にしたがって外部不経済効果が資源配分の効率性をゆがめることを示す。ある財の生産・供給が市場取引に参加していない経済主体にも外部不経済効果を及ぼしていると仮定しよう。当該財の生産・供給にともなう費用は市場参加者が認識している費用である私的費用と市場参加者以外を含む社会全体に及ぼす社会的費用に区別される。社会的費用と私的費用の差が外部費用である。

市場取引では，私的な便益と私的な費用が意思決定に影響を与える。ミクロ経済学では，私的な便益は市場需要曲線によって表され，完全競争的な生産者は利潤を最大にするように，市場価格と私的な限界費用が等しくなる数量に供給量を決定するとされる。したがって私的限界費用曲線が市場の供給曲線となる。市場参加者が完全競争的に行動するとすれば，市場均衡は需要曲線と供給曲線の交点で与えられる。それに対応して均衡取引価格と均衡取

---

1 これに対して，たとえば，新しいバイパスができて周辺地価が上昇することで生じる効果など，市場価格の変化を通して生じる場合には，金銭的外部性といわれる。金銭的外部性は市場の効率性に問題を生じない。

図 8-1 外部不経済効果と市場の効率性

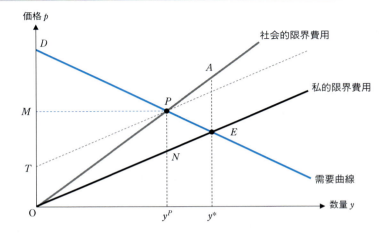

引数量が決まる。外部費用がどのような大きさであっても，供給曲線は私的限界費用曲線のままであり，市場取引には影響を与えない。資源配分の効率性は，当該財がもたらす社会的便益と社会的費用の差である社会的余剰が最大になることを意味する。外部不経済効果（**外部費用**）が存在する場合には，社会的費用は供給者が負担する私的費用ではなく，外部費用を含む社会全体の主体が負担する費用なので，市場均衡は**社会的余剰**を最大化していない。

この状況を図 8-1 が示している。縦軸に当該財の価格 p，横軸に数量 y を測っている。市場均衡 E では，市場参加者の取引にともなう消費者余剰と生産者余剰の合計は OED の面積で表されるが，このとき AEO の外部費用が生じている。したがって，社会的余剰は OED の面積から AEO の面積を引いた大きさとなる。

市場均衡 E が社会的最適ではないことは次のように示すことができる。E に対応する取引量 y^* から供給量を 1 単位減少させることができるとすると，社会的便益は Ey^* の長さだけ減少するのに対し，社会的費用は Ay^* だけ減少する。つまり社会的純便益（余剰）は AE の長さだけ増大する。同様に考えると，社会的最適は点 P に対応する y^P で実現されることが分かる。すなわ

ち，効率的な資源配分（財供給）は市場均衡（y^*）によっては実現されない。このことは「市場の失敗」が生じることを意味している。AEP の面積が「厚生損失（死加重）」である。外部不経済効果は均衡供給水準を，社会的最適に比べて「過剰」にする[2]。

資源配分の非効率は，財供給者が外部費用を認識・負担しないことによって生じていた。そこで，もし，外部費用を内部化できれば，非効率性をなくすことができることになる。内部化の方法としては（1）外部性を相殺するように課税する，（2）当事者間での交渉，（3）合併などが考えられる。

● 外部性の矯正（1）：ピグー税・補助金

企業に外部不経済効果を課税という形で費用として認識させることで，市場メカニズムの下で効率的な資源配分を実現させるものである。このような課税は発案者の名前にちなんで「ピグー税」とよばれる。

外部費用を生じる生産者に対する課税であるので，生産者は生産費用と税を負担しなければならない。説明のために従量税を仮定すると，利潤を極大化する生産者は私的限界費用と税の合計が価格に等しくなるように数量を決めることになる。すなわち，図 8-1 の点 P が効率的な点であるので，最適な税率は PN となる。つまり，最適な税率は効率的な生産量のときの限界的外部費用の大きさに等しい。それによって効率的な資源配分が実現できる。利潤を最大化する生産者は，y^* まで生産すると，市場価格が y^*E であるのに，同じ大きさの私的限界費用に加えて税も支払わなければならないので，生産すると税額分だけ利潤を失うことになる。逆に y^* より 1 単位生産量を減らすと税額分だけ支払わなくて済むので，生産量を減らすインセンティブを持つ。次の 1 単位も生産量を減らす方が合理的であることを同様に示すことができる。ただし，生産量の減少は市場価格を上昇させるので，財生産を 1 単位減らして節約できる金額は小さくなる。

---

2 外部経済効果は均衡供給水準を「過少」にすることも示せる。

8.2 外部不経済効果と「市場の失敗」 ● 139

結果的に y^P の生産量で，市場価格と私的限界費用との差が税額と等しくなるので，それ以上に生産量を減少させることは合理的ではない。したがって，課税後の生産量は y^P となる。このとき，税収は $TPNO$ の面積に等しい。課税後の消費者余剰は DPM の面積に等しく，生産者余剰は MPT に等しい。税収が1対1で社会的余剰に対応しているとすると，課税後の社会的余剰は消費者余剰，生産者余剰および税収の合計である $DPNO$ から外部費用 OPN を差し引いた DPO の面積に等しい。したがって，社会的余剰が最大となっている。

ここで2点注意が必要である。一つは，社会的最適は，社会的余剰が最大となる資源配分であり，外部費用がゼロとなる状態ではないということである。外部費用をゼロとすることはむしろ望ましくない。もう一つは，税収の使い道（分配）については，何も示されていないことである。もし税収の一部が外部不経済効果を受けている経済主体に対する保障に使われたとすると便益以上の費用を負担する主体はいなくなる。この場合，ピグー税収の残りは他の税率の引き下げを可能にする。一般に第5章で示されたように，税率の引き下げは当該課税から生じる「超過負担」を減少させる。つまりピグー税によって，外部不経済効果が最適化されるだけでなく他の税によって生じる非効率を減少させることになる。この意味でピグー税は「二重の配当」をもたらすといわれる。

ただし，税収が外部費用の保障に充てられる保証はない。いいかえると，所得分配がどのようになるかと，資源配分が効率的になることは必ずしも同じではないことに注意が必要である。たとえば，効率的な資源配分は生産者が生産量を y^P よりも多く生産した場合にのみ PN の率で課税することによっても実現する。しかしこの場合，税収はゼロとなる。さらには，効率的な資源配分は生産量を y^* 以下に減らすことに対して補助金を与えることによっても実現する。補助率は生産物1単位あたり PN である。

競争均衡で y^* を生産している生産者は2つの選択肢に直面する。一つはそのまま y^* まで生産することである。y^* の生産量では市場価格は OM の高

140 ● 第8章 外部性

さとなり限界費用と一致するので限界的な利潤はゼロである。もう一つはy^*から1単位生産量を減らしてPNの大きさの補助金を手にすることである。利潤（プラス補助金）を最大にする生産者は合理的に後者を選択するだろう。同様の議論で，結果的に生産者はy^Pまで生産量を低下させることが分かる。ただし，生産・供給量の減少は市場取引価格を上昇させるので，補助金からの受け取りの一部は価格上昇によって失われる。

y^Pのときに，補助金が市場価格と限界費用の差（限界利潤）と等しくなるので，生産者にとってそれ以上生産量を減少させるインセンティブはなくなる。この補助金はピグー補助金といわれる。税の場合と同様に，補助金の場合にも生産量は効率的となるが，財源を他の財に対する課税によって賄わなければならないという点で大きく所得分配が異なる。補助金は生産者に与えられるが，他方，補助金調達のために他の財に対して課税すると，外部性を生じている当該財の取引に関わらない経済主体にも税負担および超過負担を負わせる可能性がある。また，当該財の生産にともなう外部費用も保障されない。

● 外部性の矯正（2）：当事者間の相互交渉

コース（Coase, R.H.）は，政府の税や補助金による政策的介入がなくても，環境に対する権利が設定されている場合には，当事者間の相互交渉によって資源配分が最適化されうることを示した。外部不経済効果を及ぼす経済主体が生産する権利を持っていても，外部費用を被る経済主体が外部不経済効果をともなう財を生産させない権利を持っていてもこの結果は成立する。外部不経済効果を及ぼす経済主体も外部費用を負担する経済主体も明らかに確定できる例として，水を汚染して生産活動をする川上の企業と水を用いて生産活動をする川下の企業の2つの企業を仮定しよう。図8-2の曲線DEは川上の企業の限界利潤曲線を表し，曲線OAは川下の企業が被る限界外部費用曲線を表す。

まず，川上の企業が生産活動をする権利を持つ場合，自己の利潤が最大に

8.2　外部不経済効果と「市場の失敗」　● 141

図 8-2　相互交渉と資源配分の効率性

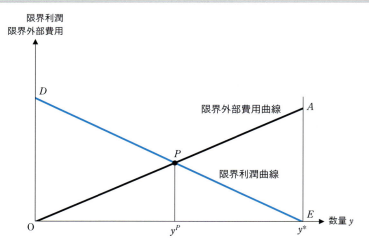

なるように生産量を点 E の y^* に決めることになる。それにともなって川の水が汚染され，川下の企業はそれを浄化する費用を負担しなければならない。点 E では川上の企業の限界利潤はゼロである。川下の企業にとっての点 E における浄化費用が限界外部費用 AE で示されている。ここで，川上の企業の生産量の y^* からの 1 単位の減少を考えてみよう。川上の企業にとっては限界利潤がゼロであるから利潤は変化しない。

これに対して，川下の企業にとっては y^* からの 1 単位の減少は AE の大きさの外部費用の減少を意味する。このことは，次のようにいいかえることができる。川上の企業にとっては，プラスの補償が受け取れるのであれば，生産量を 1 単位減らすことが合理的であり，川下の企業にとっては AE より少ない補償を支払って川上の企業の生産量を減らすことができればネットでより少ない（限界的）費用しか負担しなくてもよい。したがって，プラスで AE より小さな補償額で 1 単位の生産量の減少に関する交渉では両者にとって合意することが合理的となる。

　同様に，川下の企業の負担となる限界外部費用よりも小さく，かつ，川上

の企業の限界利潤よりも大きい補償額で資産量の削減に関する交渉が合意される
ことが分かる。つまり，川上の企業の限界利潤と川下の企業の限界外部
費用が等しくなる y^P まで生産量が減少することになる。それ以上の生産量
の減少に関しては合意に至る補償額はない。

　次に，川下の企業が外部費用を生じさせない権利（この場合には，川上の
企業に生産させない権利）を持つ場合を考える。交渉が行われない場合には，
生産量はゼロである。もし川上の企業が外部不経済効果をともなって1単位
生産できたとすると，OD の利潤が得られる。他方，川下の企業は1単位生
産を許したとしても，限界的には外部費用はゼロである。

　川上の企業は OD よりも少ない額であれば，川下の企業に補償してでも生
産することによってネットの利潤（補償額を引いた利潤額）を得ることがで
きる。他方，川下の企業はプラスの補償を受け取ることができるのであれば，
ゼロの外部費用を負担してもネットでプラスの金額を手にすることができる。
したがって，プラスで OD よりも小さい補償で両者の交渉は合意する。同様
の議論によって，生産量 y^P までは交渉によって生産が合意されることにな
る。

　それ以上の生産量では，川下の企業が生産を許す補償額より川上の企業が
生産によって得られる利潤額の方が小さいので，交渉は合意には至らない。
この相互交渉において，政府に必要なことは環境に関する権利の設定だけで
ある。

● 外部性の矯正（3）：合併

　外部不経済効果による市場の失敗は，ある経済主体が他の経済主体の状態
（効用あるいは生産技術）に市場を通じないで直接影響を与えることによっ
て生じる。外部不経済効果を及ぼす主体と受ける主体が合併すると，外部費
用は内部化されるため，市場の失敗は生じなくなる。

8.2　外部不経済効果と「市場の失敗」 ● 143

● 外部性の矯正の現実性

　これまで考察してきた外部性の矯正手段は，いずれも，まず外部性の大きさと因果関係が明らかであることが必要である。因果関係が明確でなければ，いずれの主体の活動に対して課税あるいは補助するかを確定することができない。また，いわゆる環境権をいずれの主体に認めるかも確定することができない。合併についても，どの範囲までの経済主体を含めるかを決定することが困難である。税・補助金は多数の経済主体が関わっている場合には有効性は高いと考えられるが，資源配分の効率性を担保するためには，各経済主体の費用関数や外部費用の大きさを知る必要がある。相互交渉は，公的な介入による非効率を排除できるが，他方で，あまり多くの関係者が関わっている場合には，交渉のための取引費用が大きくなり，かえって資源配分の効率化のために費用がかかる可能性がある。

■8.3　ボーモル・オーツ税

　上で述べたように，外部費用を金銭的に計測することが一般的には非常に困難である。特に，因果関係が相互的である地球温暖化現象のような場合には，課税のためのデータとして外部費用を測定することは不可能であろう。しかし，外部性が生じていることが明らかであり，それが資源配分をゆがめているとすれば，それを矯正する必要がある。そこで，市場に配分を任せるだけでなく何らかの抑制策が考えられなければならない。

　ボーモル（Baumol, W.J.）とオーツ（Oates, W.E.）は，何らかの技術的な根拠にもとづいて，汚染発生源に対して課税することで資源配分のゆがみが過度になることを防ぐ政策を考えた。このような政策はいわゆる「環境税」とよばれる。いま目標とする環境基準を達成するために汚染排出量をある限度内に抑制する必要があることが科学的に示されたとする。この目標値まで

図 8-3 ボーモル・オーツ税

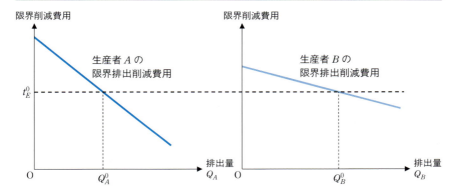

排出量を抑制することが課税の目的となる。

ここまで仮定してきたように，ある財の生産量とそれにともなって排出される汚染物質の技術的関係が安定的である場合には，汚染排出量を削減しようとすると財の生産をある大きさだけ減少させなければならない。財の生産量の削減は利潤を減少させるので，排出量の削減は利潤の減少という費用をともなうことになる。逆に，生産量の増加は排出量の増加とともに利潤の増加ももたらす。そこで，排出量1単位の変化によって生じる生産量の変化を通じて生じる利潤の変化（限界利潤）を，排出量の限界排出削減費用とよぶことにする。限界利潤は生産量が小さいほどより大きいと考えられるので，限界排出削減費用も生産量あるいは排出量の減少関数となる。図 8-3 では限界排出削減関数が右下がりの直線で描かれている。

ボーモル・オーツ税が課税されるとき，汚染物質の排出をともなう財の各生産者は1単位の排出に対して課せられる税（税率）が限界排出削減費用に等しくなる排出量までに抑制しようとする。生産量はそれに対応して決まる。このことは図 8-3 を使って説明することができる。

説明のために A および B の2人の生産者しかいない経済を仮定する。生産者 A の排出量を Q_A，生産者 B の排出量を Q_B で表す。また，すべての生産者に適用される税率を t_E で表す。縦軸に各生産者の限界排出削減費用を

8.3 ボーモル・オーツ税 ● 145

測り，横軸には各生産者の排出量を測っている。税率が t_E^0 のとき，各生産者の最適排出量はそれぞれ Q_A^0 および Q_B^0 で表される。まず生産者 A を考える。もし排出量を Q_A^0 よりも 1 単位減少させると，限界排出削減費用は t_E^0 より高い水準になる。つまり，排出量を限界的に 1 単位減少させることで税 t_E^0 の支払いの必要がなくなるが，そのためにより大きな排出削減費用を負担しなければならなくなる。これは，排出削減費用の増加が利潤の減少と対応していたことを想起すると，課税後の利潤が減少することを意味する。したがって利潤最大化を目指す生産者にとって排出量を Q_A^0 以下に削減することは合理的ではない。他方，排出量を Q_A^0 よりも 1 単位増加させることは税額よりも小さい費用額で削減可能であることから，税を支払って排出することは生産者にとって合理的な選択ではない。したがって，限界排出削減費用が税率と等しくなる排出量 Q_A^0 が最適となる。生産者 B についても同様の推論が成り立つので，Q_B^0 が最適となる。

さて，政府にとっての問題は 2 生産者の排出量合計 $Q_A^0 + Q_B^0$ が目標排出量 Q^* に等しくなっているかどうかである。もし $Q_A^0 + Q_B^0 > Q^*$ ならば，税率を引き上げて排出量をいっそう抑制する必要がある。他方，$Q_A^0 + Q_B^0 < Q^*$ ならば，税率を引き下げて生産量を増加させる余地がある。適切な税率は $Q_A^0 + Q_B^0 = Q^*$ とする税率であり，このとき各生産者の限界排出削減費用と税率は等しくなっている。

このボーモル・オーツ税によって資源配分の効率性は確保されないことは既に述べたが，環境水準の改善と税収の増加という「二重の配当」は生じる。また，税率の変更のみで目標値が実現できる可能性を示していることから，各経済主体の状況（効用関数や生産関数など）を完全に把握する必要がないという意味では，必要な情報量が少ないので，政策としてピグー税・補助金などより優れているということができる。各生産者（各経済主体）が政策に適切にしたがっているかどうかを監視する必要とそのための費用という点からは，いずれの政策もほぼ同じであると考えられる。

他方，目標水準を達成していない場合に，目標達成のために税率を変更す

ることが容易ではないかもしれない。税率変更の困難さはしばしば議論され，現実にも問題となっている。さらに，ここでは生産量と汚染物質排出量の関係を固定的なものと暗黙のうちに想定してきたが，技術進歩などで，関係が変化する場合には，それにともなう税率変更が必要となる。政策的に税率という変数を操作することによる目標の達成は容易ではないかもしれない。

■ 8.4　排出権取引市場

　地球温暖化に対応する方法として排出権取引がある。この制度は，目標排出量を実現するために，各経済主体に排出枠を与えたうえで，それらの取引を認める方法であり，たとえば 2005 年に EU 域内でキャップ・アンド・トレード型の域内排出量取引制度として導入されている。

　このシステムは，(1) 経済全体として科学的に妥当と考えられる総排出量を目標値として設定し，(2) その総排出量を各経済主体に排出枠として配分し，原則として配分された排出枠で許容された量までしか排出する権利を認めない。(3) もしその配分された枠を超えて排出したければ，他の経済主体が持つ排出枠（排出権）を買えば，その分だけ配分枠を超えて排出することができる（配分枠を下回る量しか排出しない経済主体は，下回る分だけ排出権を売ることができる）とするものである。

　前節と同様に 2 生産者（A と B）からなる経済を考え，これら生産者の限界排出削減費用関数も前節と同じであるとする。目標排出量 Q^* がそれら 2 生産者にそれぞれ $\overline{Q}_A$ および $\overline{Q}_B$ の大きさで配分されたとすると，$Q^* = \overline{Q}_A + \overline{Q}_B$ である。排出権取引市場が存在し，排出権の価格を p_r と書くことにする。各生産者が排出権取引市場で完全競争的に行動すると仮定すると，各生産者にとって排出権価格は所与となる。このとき，たとえば，生産者 A について，配分排出量 $\overline{Q}_A$ における限界排出削減費用が排出権取引価格 p_r よりも大きい

8.4　排出権取引市場　● 147

とすると，生産者 A は p_r の価格で排出権を購入して排出量を追加的に 1 単位増やしたいと考えるだろう。この 1 単位の排出量を削減するための限界排出削減費用が限界利潤に対応していたことを思い出すと，追加的に排出量を増加させることによって限界利潤から排出権価格を引いた額を手にすることができる。

逆に，もし配分排出量 $\overline{Q}_A$ における限界排出削減費用が排出権取引価格 p_r よりも小さいとすると，生産者 A は自分の排出量を 1 単位減らして，それによって余る排出権を p_r の価格で売ろうとするだろう。より小さい限界利潤を犠牲にしてより大きな排出権価格を手に入れることができる。このような行動は生産者 B についても当てはまる。いいかえると，各生産者は各自の限界排出削減費用が排出権価格に等しくなるように排出権を販売あるいは購入しようとする。もちろん，これにともない，各生産者の排出量も調整される。

排出権市場における各生産者の排出権に対する超過需要を $Q_A(p_r) - \overline{Q}_A$ および $Q_B(p_r) - \overline{Q}_B$ と書くことにすると，市場均衡は $(Q_A(p_r) - \overline{Q}_A) + (Q_B(p_r) - \overline{Q}_B) = 0$ で与えられる。すなわち $Q_A(p_r) + Q_B(p_r) = \overline{Q}_A + \overline{Q}_B = Q^*$ が成立する。このときの p_r^* が排出権の均衡価格であり，各生産者の均衡排出量を $Q_A^* = Q_A(p_r^*)$ および $Q_B^* = Q_B(p_r^*)$ と書く。この市場均衡が図 8-4 に描かれている。横軸には排出量が測られているが，原点から右方向に生産者 A の排出量を，Q^* から左方向に生産者 B の排出量がそれぞれ測られている。縦軸には限界排出削減費用が測られている。排出量の 2 生産者の間の配分が原点と Q^* の線分内にある限り，2 生産者の排出量合計が目標排出量に等しい。

市場均衡は点 E で表されている。生産者 A は均衡価格 p_r^* で $Q_A^* - \overline{Q}_A$ だけ排出権を購入しており，生産者 B は $\overline{Q}_B - Q_B^* = (Q^* - \overline{Q}_A) - (Q^* - Q_A^*) = Q_A^* - \overline{Q}_A$ だけの排出権を販売している。

初期配分 $(\overline{Q}_A, \overline{Q}_B) = (\overline{Q}_A, Q^* - \overline{Q}_A)$ では，生産者 A の限界排出削減費用 $H\overline{Q}_A$ は排出価格よりも高く，生産者 B の限界排出削減費用 $F\overline{Q}_A$ は排出権価格よりも小さい。生産者 A は $GE\overline{Q}_A Q_A^*$ の面積の金額を支払って $HE\overline{Q}_A Q_A^*$

148 ● 第 8 章　外 部 性

図 8-4 排出権取引市場

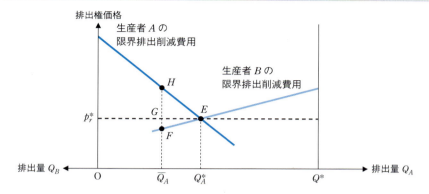

の排出削減費用をかけずに排出することができており，GEH の面積の大きさだけ費用を節約できている。いいかえると，排出権購入によって排出量を $Q_A^* - \overline{Q}_A$ だけ増やすことで，GEH の面積の大きさだけ利潤を増やすことができている。他方，生産者 B は $FEQ_A^*\overline{Q}_A$ の利潤を諦める（あるいは排出削減費用を負担する）ことで排出権を販売して，$GEQ_A^*\overline{Q}_A$ の排出権販売収入を得ている。つまり，排出権販売によって差引 GFE の大きさの金額を追加的に受け取ることができている。

排出権取引に関しては注目すべき点が 2 つある。一つは，上で説明したように，排出権市場は本来市場が存在しない排出物を排出権という形で，排出権価格の調整を通じて効率的に配分する点で優れたメカニズムである。実際，目標排出量を実現するための**社会的費用の最小化**が実現できているという意味で市場による効率的配分が実現できている。いま，初期配分の状況から排出量を 1 単位生産者 B から生産者 A に変更したとする。このとき生産者 A が限界排出削減費用 $H\overline{Q}_A$ を負担せずに代わりに生産者 B が 1 単位追加的に限界排出削減費用を $F\overline{Q}_A$ を負担することで，社会全体の排出量を目標値の Q^* のままとすることができる。同様の排出削減費用の節約は 2 生産者の限界削減費用が異なる限り可能である。つまり，両者の限界排出削減費用が等しくなるときにそれ以上の節約が不可能な状態となるのである。そしてこの

状態は排出権市場の均衡の状態と一致する。

　もう一つは初期配分についてである。上の例でも初期配分は特定化しなかったように，いかなる初期配分であっても，たとえ1人の生産者が目標排出量 Q^* に対応する排出権をすべて配分された場合（$\overline{Q}_A = Q^*$ かつ $\overline{Q}_B = 0$ あるいは $\overline{Q}_A = 0$ かつ $\overline{Q}_B = Q^*$）であっても，排出権市場の均衡における排出量は図8-4の Q_A^* および Q_B^* となる。ただし，初期配分によって2生産者の間の利潤の増加分の配分が異なる。初期配分が多い生産者は多くの排出権販売からの収入を得ることになる。このため，初期配分を巡る経済主体間の対立が生じる可能性がある。初期配分の方法としては，すべての経済主体の初期配分をゼロとして，オークションによって購入させる方法や，過去の排出実績等にもとづいて配分するグランド・ファザリングといわれる方法などがある。オークションでは購入能力の高い企業に有利となり，グランド・ファザリングでは大きな排出量の大企業に有利になるなど，何らかの不公平を生じることになる。

> ◎ **Point8.1**
> 排出権取引市場の均衡では，目標排出量を達成するための社会的費用が最小になっている。

■ 8.5　コモンズ（共有地）の悲劇

　地球温暖化の問題はしばしば汚染者と被害者が重複している外部性と考えられる。つまり，ある主体の経済活動が他の主体の経済状況に直接しかも相互に影響を与え合っている。このようなケースはコモンズ（共有地）の悲劇といわれる。別の言い方をすると，資源の所有権が欠如している場合といえ

るかもしれない。

　コモンズの特徴は，所有権は確定していないので，すべての人が自由に利用できることである。そのため，自分が資源を利用しなければ，他の人が資源を利用してしまうことになり，各経済主体は「できる限り早く多く利用しようとする」ことになる。結果的に，過剰採取，過剰伐採，過剰利用がおこる。所有権のはっきりしない牧草地などがこの例である。牧草を食べさせるために自分の牛をこの牧草地に入れることで1人のときには十分に牧草を食べさせることができるが，多くの人がそれぞれ牛を放牧すると，牛1頭あたり食べさせることができる牧草が少なくなるだけでなく，牧草そのものがなくなってしまう可能性がある。さらに新しく牛をこの牧草地に放牧すると牛の数が増えることで，以前に放牧されていた牛が食んでいた牧草よりも少ない牧草しか食べさせることができないだけでなく，既に牧草地にいた牛も少ない牧草しか食むことができなくなる。地球環境を牧草地，各経済主体の経済活動による環境破壊が牛の草食みにたとえられるかもしれない。

　このようなコモンズの悲劇を避けるには，コモンズに所有権を設定する，ピグー税を徴収する，組合などによって利用者数を制限する，あるいは，入場料など排他的利用権を売買する市場を創設するなどの対策が提案されている。

■8.6　環境汚染と経済発展

　二酸化硫黄（SO_2），粒子状物質（SPM），窒素酸化物（NO_x）など，比較的地域性が高いとされる汚染物質について，所得水準と汚染排出量との間に逆U字型の関係があることが観測されている。この関係は「環境クズネッツ曲線（Environmental Kuznets Curve，EKC）」とよばれる。所得の上昇にともなって汚染物質の排出量が増大してゆくが，さらに所得水準が上昇するにつれて汚染排出量は低下してゆく。

この環境クズネッツ曲線はすべての環境汚染物質について成立するとは限らないが，逆U字形が成立する可能性は，たとえばコープランドとテイラー（Copeland and Taylor, 2003）にしたがって整理すると以下の3つの説明がなされうる。(1) 産業構造の変化によって汚染物質を排出する産業のウエイトが所得の上昇につれて小さくなることによるとする考え方である。しかし，そのような産業がなくなるわけではないとすると，たとえば，海外に汚染が輸出されることになる可能性がある。(2) 所得の上昇とともに環境政策が導入されることで汚染物質の排出が抑制されるとする考え方である。所得上昇による財消費の増大は，環境の質に対する需要をも増大させる。そこで所得の一部が汚染対策に向けられることになる。(3) 環境浄化技術が収穫逓増性を持っており，汚染量の増大がより早い速度で汚染浄化の効果をもたらすことによる。つまり，所得上昇にともなう汚染増大以上に浄化技術が汚染量そのものを引き下げるとする考え方である。いずれがより妥当な説明であるかは判断の分かれるところだろうが，複合的に生じることで逆U字形が観察されている可能性がある。

汚染物質の性質に依存する可能性があるが，地球温暖化効果ガス，たとえば CO_2 については環境クズネッツ曲線が観察されたとする研究はまだ一般的ではない。しかし，いずれさらに所得上昇が生じれば逆U字形が観察される可能性はある。

参考文献

Copeland, B.R., and Taylor, M.S.（2003）*Trade and the Environment: Theory and Evidence*, Princeton University Press.

◆ 練 習 問 題

1. 生産者 A と B の間の排出権取引（cap and trade）を考える。生産者 A の限界排出削減費用 MRC^A が排出量 X^A の関数 $MRC^A = 60 - (X^A/4)$，企業 B の限界排出削減費用が $MRC^B = 40 - (X^B/4)$ で表されるとする。いま，排出量の上限が $X^* = 120$ に設定されたとして，以下の問いに答えなさい。

(1) 初期に排出権が各生産者に $X^*/2 = 60$ ずつ配分されたとして，排出権の均衡取引価格と各生産者の排出権売買後の排出量を求めなさい。

(2) 排出権を販売する生産者の排出権売却益および排出権を購入する生産者の排出削減費用の節約額を求めなさい。

(3)（1）と異なり，初期にすべての排出権が生産者 B に与えられると，生産者 B の均衡での売却益はどれだけか。

第9章

国　債

■ **Introduction**

　政府は，税だけでなく公債発行によっても支出を賄う。税調達と公債調達は，経済の動学的な運行に異なる影響を与える可能性がある。本章では，動学的なモデルを念頭において，それらの資金調達がもたらす影響の違いについて考える。1節で国債について簡単に説明し，2節で国債累積による「財政破綻」の可能性について考える。3節で税ではなく国債調達が合理性を持つケースを議論し，4節および5節では，国債調達による将来への「負担」の転嫁の可能性に関する議論を詳しく紹介する。6節では，財政の維持可能性について考える。

■ 9.1　国債とは

　第2章で説明されたように，政府の予算は単年度主義にもとづいており，各年度で執行される。日本では支出は国会の議決によって決まるが，収入はその年度の経済活動の水準に依存している。そのため各年度で収支が均衡するとは限らない。ある年度の収入が支出を上回っている場合には，政府は資産を増加させることができるが，逆に支出が収入を上回っている場合には借金をしなければならない。各年度の財政赤字はフローであり，それが累積すると政府の債務残高（ストック）となる。第2章でフローの財政赤字の問題を既に議論したので，本章では，主として政府債務残高の増加が経済に与え

154

図 9-1 先進諸国の政府債務対 GDP 比率の最近の推移

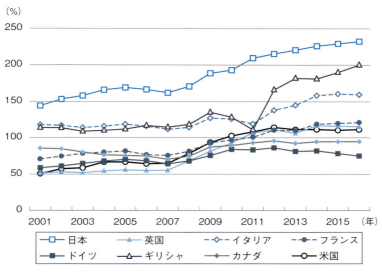

出所：財務省

る影響について考える。

　政府の債務は中央政府が発行したものは国債といい，地方公共団体が発行したものは地方債という。以下では中央政府の発行した国債に焦点を当てて解説する。

　国債は償還期間によって 10 年以上のものを長期国債，2 年から 5 年のものを中期国債，1 年未満のものを短期国債とよぶ。日本では原則国債の発行は禁止されているが，投資的支出の調達のための国債に発行は財政法第 4 条によって認められている。この財政法第 4 条にもとづく国債は建設国債または 4 条国債とよばれる。しかし，人件費や消費的支出に充てられる国債の発行は法律を制定することで発行することができる。このような特例法にもとづいて発行される国債は特例国債あるいは赤字国債とよばれる。

　国債はいわば国の借金であり，償還（返済）することが前提とされている。国債の償還は 60 年かけて償還される。たとえば，10 年国債は発行から 10

9.1　国債とは　●155

年後に6分の1が償還され，残りは借換債の発行によって国の債務として残る。その後，順次償還と借換債の発行を繰り返し60年ですべて償還される。

第二次大戦後は，1965（昭和40）年に国債が発行されて以来，ほぼ毎年国債が発行されて国債残高は増加してきている。特に1970年代半ばのオイル・ショック以降の残高増加が大きい。図9-1は，2001年から2016年にかけての先進諸国における政府債務残高対GDP比率の変化を描いている。図から見て取れるように，特に近年の日本の政府債務残高対GDP比率の高さは際立っている。本章では，このように大きな政府債務残高が国民経済に与える影響を検討する。

■9.2　財政の維持可能性

　政府の借金である債務残高は，将来課税によって返済されなければならない。債務残高（B_t）は，各期のフローの財政赤字が生じている場合には増大するし，逆に財政黒字の場合には減少する。財政収支は政府の予算制約によって決まる。政府の財政支出は，財政債務が既に存在する場合には，それに対する利払い（$r_t B_{t-1}$）と，それ以外の支出（G_t）に分けられる。他方，政府は生産活動を行わないので，収入は大まかには税収（T_t）で表される。民間の経済主体と同様に，政府の場合にも支出が収入を上回る場合には赤字であり，債務残高あるいは国債残高は増大する。したがって，各期の政府債務が増大する原因は2つある。一つは未償還の政府債務に対する利払いであり，もう一つは支出から政府債務残高に対する利払いを差し引いた額と政府収入との差額（$G_t - T_t$，これを基礎的財政収支あるいはプライマリー・バランスという）である。

　このことを単純化して説明しよう。$t-1$期末の政府債務残高をB_{t-1}，t期の利子率をi_t，債務残高に対する利払いを除いたt期の政府支出をG_t，t期

の税収を T_t とすると，政府の予算制約は

$$B_t = (1 + i_t)B_{t-1} + G_t - T_t \qquad (9.1)$$

と書くことができる。左辺が t 期末の政府の借金の額つまり政府債務残高である。

　$t-1$ 期末から t 期末までに借金が $B_t - B_{t-1}$ だけ増加したとして，それ自体が問題であろうか。一般に，たとえ長期にわたって各期の借金が増加し続けるとしても，それが返済可能であれば，問題ではないと考えられる。政府の借金は税収によって返済せざるをえないが，税収を借金の増加以上に増やすことができれば，いつかは借金を返済することができると考えるのである。ところで税収の増加は経済の所得の増加以下であれば，継続しうるので，債務残高の各期の伸びが経済の所得である GDP の伸び，すなわち経済成長率以下であれば，債務が増大しているからといって直ちに問題とはならない。

　そこで，通常，政府債務残高が問題であるかどうかを政府債務残高対 GDP 比率 B_t/Y_t の時間的な動きによって判断する。ここで Y_t は t 期の GDP を表す。政府債務対 GDP 比率を $b_t = B_t/Y_t$ と書くことにすると，(9.1) 式の両辺を t 期の GDP で割ると以下のように書きかえられる[1]。

$$b_t - b_{t-1} = (i_t - g_t)b_{t-1} + (G_t - T_t)/Y_t \qquad (9.2)$$

つまり，(9.2) 式の右辺がプラスでなければ，政府債務残高対 GDP 比率は上昇し続けないので，財政は維持可能であるといわれる。前期の政府債務残高がゼロ，すなわち $b_{t-1} = 0$，のときには，基礎的財政収支が赤字でなければ財政は維持可能である。また，基礎的財政収支が均衡しているとき，すなわち $G_t - T_t = 0$，のときには利子率に比べて経済成長率が十分高ければ財政は維持可能である。もし，経済成長率が利子率に比べて低く，かつ，基礎的財政収支が赤字である場合には，財政の維持可能性は成り立たないことにな

1　近似式 $(1+i_t)/(1+g_t) \approx 1 + i_t - g_t$ を使っている。

9.2　財政の維持可能性　● 157

る。このような財政の維持可能性に関する条件は**ドーマー条件**といわれている[2]。

　国の財政が維持可能でなくなり，財政破綻が生じる可能性は現実に存在するのだろうか。たとえば，ラインハートとロゴフ（Reinhart and Rogoff, 2009）にはかなりの数の財政破綻の事例が挙げられている。財政が破綻する場合には，財政サービスの供給がストップするなど，国の経済活動に大きな制約をもたらすことになる。

　ここまで，いわば政府の粗債務残高のみに注目してきたが，政府粗債務残高が大きくても，同時に政府資産が大きければ，つまり，政府の純債務残高が大きくなければ，債務残高の増大の問題は生じないのでないかという議論がなされることがある。この主張の問題点は，政府資産を借金の返済に充てることができるかどうかである。もし資産をいつでも債務返済に充てることができるならば，債務がないのと同じだからである。結果からいうと，政府資産の多くは借金返済に充てることはできない。たとえば，いくら多額の売却益が見込めるとしても，国会議事堂を民間に売却して国債償還に充てることは現実的とは思えない[3]。

　したがって財政が破綻する場合には予算の効率性に関する議論などは意味を持たなくなるので，以下では財政の維持可能性が担保されているものとして議論を進める。

2　別の財政の維持可能性に関する条件もよく知られている。ある期の政府債務残高対 GDP 比率と次期の基礎的財政収支の間にプラスの関係が成立すれば財政は維持可能であるとするもので，ボーン条件とよばれている。

3　財政維持可能性の検証を政府純債務残高を用いる研究もある。グレイナーとフィンケ（Greiner and Fincke, 2009）は日本について，粗債務残高では維持不可能であるが，純債務残高で見ると維持可能であるとしている。

158 ● 第 9 章　国　債

■ 9.3 国債発行の合理性

　国債発行が経済的観点から合理的であると判断される理由は2つある。(1) 第2章で議論されたように，労働や資本が不完全にしか雇用あるいは利用されていない状況でのマクロ経済の安定性のためである。(2) 自然災害による大きな被害のために一時的に大きな政府支出が必要になる場合に，一時的に税率を大きく引き上げることによる社会的費用を避けるためである。(1) については既に第2章で議論されているので，以下では (2) について説明する。

　既に第5章で示されたように，一般に課税によって税額以上の負担が経済に課せられることが示されている。需要者価格と供給者価格の間に税率のくさびが打ち込まれる結果，課税がなされない完全競争の下での資源配分がゆがめられ，経済厚生上の損失（税の「超過負担」）が生じる。

　もし，需要と供給がほぼ同じである2つの財が存在すると仮定するとき，これら2つの財に同じ税率で課税することによって，所与の税収を上げることにともなって生じる超過負担が最小化されることが知られている。税の超過負担は近似的に税率の2乗倍であることから，片方の財の税率を引き下げることで減る超過負担よりも，もう片方の財の税率引き上げによって生じる厚生損失の増大が大きくなる。したがって，これら2財の税率を等しくすることで2財への課税から生じる厚生損失を最小化できることになる。これは「税率の平準化」としてバロー（Barro, R.J.）によって提唱されたものである。

　この議論を，財の数から2期間あるいはそれ以上の期間に適用することで，ほぼ構造が変化しない経済について，課税からの厚生損失を小さくすることができることが類推できる。この課税の繰り延べは，必要税額の一部を公債発行の形で後の期間に移すことによって，各期間の税率を平準化し，通時的に課税の超過負担を最小化しようとする政策と考えられる。

■9.4　国債の負担

　国債は財政支出の負担を将来に転嫁するといわれるが，2つの点で注意が必要である。一つは財政支出がなされると，それに対応する資源の利用が民間部門から政府に変わることである。もう一つは，政府の予算制約から明らかなように，国債調達されなければ税で調達されるしかないということである。そこで，以下では，ある期間になされる公共支出をその期間内の課税で調達する場合と，国債発行によって調達し，後の期間になって課税によってその国債を償還する場合で，経済にどのような影響の違いが生じるかを検討する。公共支出の便益は支出時点でのみ享受されると仮定する[4]。償還のための課税が将来になされることで課税される将来世代に支出の負担が転嫁されるかどうか，転嫁されるとすればどのような負担かについて，これまでなされてきた主な議論を紹介する。

● 新正統派の議論

　ラーナー（Lerner, A.P.）ら新正統派の議論では，国債発行時および国債償還時に経済全体に利用可能な資源が公共支出の資金調達法方によって異なるかどうかが問題となる。もし，利用可能な資源量が変化するならば，負担が生じていることになる。

　彼らの議論によれば，課税の場合にも国債発行による場合にも，経済全体の資源のうち，公共支出に対応する大きさの資源の使用権が民間から政府に移るだけで，支出時点で経済全体の利用可能資源は変化しない。国債償還時については，国債償還のための課税がなされるが，国債を保有していた人に支払われるだけで，国全体としてやはり利用可能な資源は変化しない。償還

4　建設国債が資本支出に限って是認されるのは，蓄積される資本からの便益が将来時点にももたらされるために，便益と負担が生じる時点が一致する可能性があることによる。

160 ● 第9章　国　債

までの利払いについても，税額が国債保有者への支払いがなされるだけで，いわば国内での所得再分配と同じであり，利用可能資源に変化はない。したがって，いずれの資金調達方法の下でも利用可能資源に変化はないので，国債の負担は生じないということになる。もちろん，これは内国債について成立する議論であり，外国債については成立しない。外国債の場合には，国債発行によって利用可能資源は増加し，利払いおよび償還時にはその経済の利用可能資源は減少するので，国債の負担は将来時点に転嫁されるということができる。

● モディリアーニの議論

第2章で示されたフローの「クラウディングアウト効果」と同様の効果がストックとしての政府債務残高について生じる場合には国債調達によって将来所得の低下という形で将来に負担が転嫁されうることをモディリアーニ（Modigliani，1961）は示している。

説明のために経済が定常状態にあると仮定し，経済の人々が一定の資産を将来のために保有していると考える。ある時点で政府支出増大がなされたとする。もし，その時点の課税で調達される場合には，短期的には影響が残っても，やがて資産は元の大きさに戻ると考えられる。

それに対して，国債で調達され，かなりの期間償還されないとすると，国債残高は資産の一部として保有されることになる。国債以外の資産が民間資本ストックであるとすると，国債利子率が資本収益率に等しければ資産保有者にとって民間資本（請求権）と国債は無差別であるので，資産の一部を国債に代替することになる。他の生産要素が公共支出調達に依存しなければ，税調達の場合に比べて国債調達の場合には，国債残高に対応する大きさだけ資本ストックが少なくなる。

したがって，国債が保有される限り，資本の限界生産物と国債残高との積の大きさだけGDPが小さくなる。資本の限界生産物が利子率に等しいとすると，国債の利払い額が所得の減少分となる。したがって，将来の所得が減

図 9-2　モディリアーニの議論

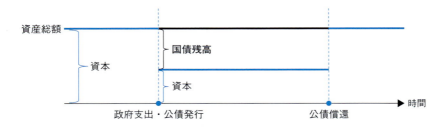

少するという意味で国債調達は将来に公共支出の負担を転嫁することになる。国債が償還された後にやがて，国債発行前の資本水準に戻るとすれば，この負担は消える。

図 9-2 は，縦軸に経済全体の資産額，横軸に時間を測って，国債保有にともなう資産の代替を図示している。政府支出が国債調達されると，人々のポートフォリオに国債が含まれ，償還されるまで資本（請求権）は押しのけられる。

● ボーエン＝デービス＝コッフの議論

ボーエン，デービスとコッフ（Bowen, Davis and Kopf, 1960）は，生産額の変化ではなく，個人の消費額の変化に注目している。説明のために，ある時点でそのとき生存する世代に一括所得移転がなされ，それが国債発行によって調達されたとしてみよう。

ここでは個人は自分で稼いだ所得はすべて自分で消費すると仮定する。もし課税によって調達されると，その経済に対する長期的な影響はほとんどないと考えられる。これに対して，国債調達の場合には，一括移転を受け取った世代は生涯消費をその分増加させることができる。国債が償還されなければ，各世代は自分の将来のための貯蓄として資本（請求権）だけでなく国債も保有する。それらの収益率は等しいとすると，個人にとってはやはり資本と国債は無差別である。国債の利払いのための課税はなされるが，各期

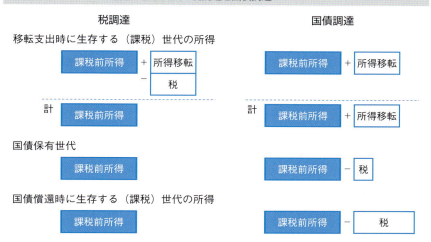

図 9-3 ボーエンらの議論：移転支出の税調達と国債調達

に利払いがその時点の国債保有者に支払われる。他方，国債償還のための課税は，償還時の世代の負担となる。つまり，課税額だけ彼らの生涯消費額は低下し，生涯効用も低下する。

図 9-3 に税調達と国債調達の各世代の代表的個人の所得への影響が描かれている。移転支出がなされる時点に生存している世代の所得は，支出が課税によって賄われる場合には，移転額が課税額によって相殺されて政策後の世代の所得への影響はない。これに対して国債調達の場合には，課税されないので，移転支出の額だけ可処分所得が増加する。国債が償還されるまでの世代は，国債利払いのための課税がなされる。この場合，利払いを受け取る側は他の代替的な資産に対する収益と同様に利払いを受け取るので，所得増加とはならない。他方，国債が償還される場合には，償還のための課税額だけ可処分所得は減少する。

したがって，国債調達の場合，発行時点の世代の消費は増加するが，償還時点の消費は減少する。この意味で，公共支出の負担は将来世代に転嫁される。

● バローの議論

　バロー（Barro, 1974）は，個人が，ボーエンらが仮定したような利己的な行動ではなく，自分の子どもの効用に十分な関心を持って遺産を遺そうとする世代間利他主義的な行動をとるとすると，財調達と国債調達はマクロ経済学的な変数に違いを生じないことを示した。

　個人が次世代の生涯厚生水準に関心を持って遺産を遺すと仮定する。説明のために代表的個人を考える。政府支出が税調達される場合には，自分の課税後所得を，自分の消費と次世代の経済厚生の組合せから得られる効用が最大になるように，自分の賃金所得と親から受け継いだ遺産を自分の消費と子どもへの遺産に配分する。もし政府支出がその世代の個人への移転支出である場合には，結果的に総所得は変化しないので，個人の消費と子どもへの遺産は変更されない。

　それに対して，政府支出が公債発行で調達され，将来償還される場合には，現在世代の個人の可処分所得は税調達の場合に比べて大きくなる。もし次世代に償還のための課税がなされると予想すると，現在世代は自分の消費は変化しないのに対して次世代の経済厚生が低下することになるので，遺産を遺して次世代の負担をなくそうとする。政府から移転支出を受け取っているので，遺産を増加させても現在世代の消費は変化しない。いいかえると，現在世代は自分の世代に公債償還があったのと同じように行動する。結果的に，課税の場合と同じ資源配分が実現する。このような行動は国債が償還されるまで各世代について当てはまる。実際に国債が償還されるときには前の世代から公債償還に備えて受け取った遺産を税支払いに充てることで，国債調達による政府（移転）支出がなかった場合に実現した消費の水準を実現することができる。

　簡単なモデルを考え，利子率が年率10％であると仮定する。政府支出1000が税調達された場合，税負担は今年1000である。他方，公債調達されて，来年500だけ償還され再来年500償還されるとすれば，来年償還のために元利合計で550（＝500×1.10）だけ課税され，再来年には元利合計605

164 ● 第9章　国　債

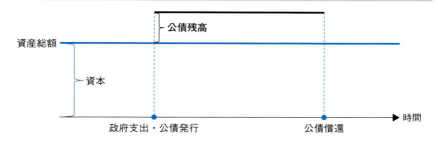

図 9-4．バローの議論

（＝500×1.10²）だけ課税されることになる。これら税負担の現在価値合計は

$$\frac{550}{1+0.10} + \frac{605}{(1+0.10)^2} = 1000$$

なので，現在価値で見る限り，税負担は税調達の場合と変わらない。しかも，公債償還が何年後になされるかに影響されないことも容易に確かめることができる。

モディリアーニと同様に図 9-4 を用いて説明する。国債が発行されると，そのときの世代は次世代に遺す遺産を含む資産を国債残高の大きさだけ増やす。税調達される場合に比べて，国債調達の場合には国債が償還されるまで各世代が国債償還時の課税額に対応する遺産を多く遺す。国債が償還されると，その分次世代に遺す遺産も減少し，元の状態に戻る。この期間，資産額は変化するが，資本（請求権）ストックは税調達の場合と同じなので，生産額などマクロ変数も同じとなる。すなわち，国債の負担は将来（世代）に転嫁されない。この結果は「公債の中立命題」あるいは「バローの等価定理」といわれる。また，バローによってリカード (Ricardo, D.) にこの考え方の原点があることが示されたので「リカード・バローの中立命題」とよばれることもある。

■ 9.5 中立命題の現実性

　この「リカード・バローの中立命題」は第2章で説明されたマクロ経済政策の効果に大きな留保を与えることになった。上で説明したように，この中立命題が成立する場合には，国債調達による減税政策はまったくGDPの水準に影響を与えない。政府（消費）支出がなされる場合でも乗数は「均衡財政乗数」の1に等しくなり，調達方法の違いではなく，政府支出の変化の大きさそのものがGDPの変化の大きさと等しくなる。また，バローの中立命題が成立する場合には，たとえば，賦課方式の年金システムなど，世代間の所得再分配政策の効果も，個人の遺産行動によって相殺されてしまう可能性を示している。

　そこで，問題はバローの中立命題が実際に成立するかどうかである。かなりの実証分析がなされているが，林（Hayashi, 1995）や本間（1996）などの研究では，必ずしも中立命題は成立するとは限らないことが示されている。成立しない理由としてはいくつか考えられる。まず，遺産動機として，バローの場合には親は次世代の厚生に関心があると仮定された。このような遺産動機は世代間利他主義あるいは純粋利他主義（pure altruism）などといわれる。しかし現実には，親は遺す遺産そのものあるいは遺産を遺すことに関心を持つかもしれない。このような遺産動機はwarm-glowあるいはjoy-of-givingといわれる。また，老後の世話をしてもらうことと交換に遺産を遺すかもしれない（戦略的遺産動機）。さらには，生涯期間が不確実であることから，死亡時に偶発的に遺産が残る場合もある。

　次に，バローによって仮定されるように，親が制約なしで遺産額を決められるとは限らない。遺産として遺せる額に制約がある場合，親は流動性制約の下にあるというが，この場合にも中立命題は成立しない。さらには，課税が累進税や比例税である場合にも中立命題が成立しないことが知られている。

このように現実には国債の中立命題は成立していない可能性が高い。した
がって，経済に効率的に使用されていない資源が存在する場合には，国債発
行によって政府支出を増加することで，短期的には資源の効率的利用を図る
ことができるだろう[5]。他方，国債の累積は，モディリアーニやボーエンら
の意味で，かなりの程度で政府支出の負担が将来世代に転嫁される可能性も
高いことになる。

■9.6　財政収支の均衡化：財政維持可能性再論

　個人の場合には，借金はいつか返済しなければならないと考えられている。
たとえば遺産動機を持たない利己的な個人については，生涯期間の終わりに
は借金である債務残高をゼロにするのが当然と考えられている。しかし，財
政の維持可能性で議論したように，国の時間視野＝活動期間は無限大である
という考えが現代ではおおむね受け入れられるだろう。とすれば，国の借金
である債務残高をゼロにする必要はないと考えられるかもしれない。

　実際，財政の維持可能性の議論では，政府債務対 GDP 比率が時間ととも
に増大し続けなければ維持可能であるとされた。この点が民間の経済主体の
債務とは異なる。つまり，政府は借金の返済を新たな借金（借り換え）で
賄っていくことができる。このような状況はポンジ・スキーム（Ponzi
scheme あるいは Ponzi game）といわれる。

　しかし，政府債務対 GDP 比率がどのような大きさにまで拡大可能なのだ
ろうか。この問いに対する明確な答えはない。国債を保有してくれる人がい
る限り国債を発行することができる。逆にいえば，多くの人がもう政府を信
頼することができないと考えるようになり，誰も国債を保有しようとしなく

5　第2章を参照されたい。

なるとき，財政は破綻することになるのである。

> ◎ **Point9.1**
>
> 財政の維持可能性は，政府に対する人々の信認に依存している。

　他方，国債は国による保証が付いた安全資産とみなされるがゆえに，ある程度の大きさの国債残高は経済の構成員のポートフォリオを豊かにするメリットはある。また，金融政策の政策手段における役割も重要でありうる。しかし，これらは政府債務対 GDP 比率が高いことが問題を生じないことを意味しない。一つは国債負担論で説明したように，政府債務残高対 GDP 比率が高ければ高いほど，資本ストックの減少を通じてより大きな潜在的所得の減少という形で経済により大きな負担を与える可能性がある。もう一つは，政府収入の多くの割合が国債利払いあるいは借り換えという形で国債保有者とそれ以外の人の間の所得再分配に向けられざるをえない。いいかえると，政府支出の硬直化をもたらす可能性がある。現代社会では政府の役割も経済の多様性と変化に対する対応が求められている中で，支出の硬直化は一種の非効率性という費用を社会にもたらすということができよう。

参 考 文 献

Barro, R.J.（1974）Are government bonds net wealth? *Journal of Political Economy*, **82**(6), 1095–1117.

Bowen, W.H., Davis, R.G., and Kopf, D.H.（1960）The public debt: A burden on future generations? *American Economic Review*, **50**(4), 701–706.

Greiner A., and Fincke, B.（2009）*Public Debt and Economic Growth*, Springer.

Hayashi, F.（1995）Is the Japanese extended family altruistically linked? A test based on Engel Curves, *Journal of Political Economy*, **103**(3), 661–674.

Modigliani, F.（1961）Long-run implications of alternative fiscal policies and the burden of the national debt, *Economic Journal*, **71**(284), 730–755.

Reinhart, C.M., and Rogoff, K.S.（2009）*This Time is Different: Eight Centuries of Financial Folly*, Princeton University Press.（C.M. ラインハート・K. S. ロゴフ（村井章子訳）

（2011）『国家は破綻する―金融危機の 800 年』日経 BP 社）

本間正明（1996）「財政赤字の経済分析―中立命題の再検証」『公共債をめぐる諸問題』金
融調査研究会

◆ 練 習 問 題

1. 経済の時間視野が 3 期間であると考える。

・民間部門の状況

第 0 期：所得 Y_0 から税 T_0 が徴収され，その結果可処分所得 $Y_0 - T_0$ を，消費 C_0 と資本蓄積 K_0 に配分する。

第 1 期：資本蓄積からの粗収益 $(1+r)K_0$ と 1 期の所得 Y_1 の合計から税 T_1 を控除した可処分所得を，消費 C_1 と資本蓄積 K_1 に配分する。ここで r は利子率である。

第 2 期：資本蓄積からの粗収益 $(1+r)K_1$ と 2 期の所得 Y_2 の合計から税 T_2 を控除した可処分所得を消費 C_2 に充てる。2 期には資本蓄積は行わない。

各期の民間部門の予算制約式は以下のようになる。

第 0 期：$Y_0 - T_0 = C_0 + K_0$

第 1 期：$Y_1 + (1+r)K_0 - T_1 = C_1 + K_1$

第 2 期：$Y_2 + (1+r)K_1 - T_2 = C_2$

・政府部門の状況

第 0 期：公共施設建設のために G_0 を支出し，その費用の一部 T_0 を課税で賄い，残り $G_0 - T_0$ を公債発行 B_0 で賄う。

第 1 期：公債償還のために T_1 だけ課税し，残りを借換債 B_1 で賄う。

第 2 期：公債償還のために T_2 だけ課税する。

各期の政府予算制約式は以下のようになる。

第 0 期：$G_0 = T_0 + B_0$

第 1 期：$(1+r)B_0 = T_1 + B_1$

第 2 期：$(1+r)B_1 = T_2$

このとき，以下の問いに答えなさい。

(1) 民間部門の通時的な予算制約が

$$Y_0 - T_0 + \frac{Y_1 - T_1}{1+r} + \frac{Y_2 - T_2}{(1+r)^2} = C_0 + \frac{C_1}{1+r} + \frac{C_2}{(1+r)^2} \tag{a9.1}$$

になることを確かめなさい。

(2) 政府部門の通時的な予算制約が

$$G_0 = T_0 + \frac{T_1}{1+r} + \frac{T_2}{(1+r)^2} \tag{a9.2}$$

となることを確かめなさい。

(3) 上記では政府は「第 2 期に借り入れをしない」という制約（借り逃げ禁止制

約：Non-Ponzi game condition）の下にあると仮定しているが，この制約が満たされ
ないとすると，（a9.2）はどのように書きかえられるか。2期の借入額を B_2 として，
書いてみなさい。

（4）もし政府が第0期に支出全額を税で賄ったとすると，民間部門の各期の消費は
変更されるか。理由も説明しなさい。ただし，民間部門の好み（選好）は変化しな
いし，各期の所得は変化しないと仮定しなさい。

（5）税が比例的で $T_i = \tau Y_i$ であるとする。利子率が変化しないと仮定して，経済成
長率 $g = (Y_{i+1} - Y_i)/Y_i$ が高くなるときには，民間部門の各期の消費水準を低下させ
ずに税率 τ を引き下げることができることを示しなさい。

第10章

年　金

■ **Introduction**

　将来時点における経済活動に関する個人の意思決定は，先物市場が完備されていないこと，および個人が将来の状況を合理的に評価するとは限らないことによって影響される。そこで，政策的な介入がその個人にとっても望ましい結果をもたらす可能性がある。本章では，老後の生活のための年金の問題を取り上げる。はじめに年金の必要性を説明し，2節で年金の仕組みと制度を大まかに紹介する。3節で経済学的に「積立方式」と「賦課方式」を詳しく説明し，4節でそれら年金の労働供給に与える影響を考察する。5節で人口構成の変化にともなう影響と年金改革の議論を紹介し，6節で他の高齢者政策との関連を述べる。

■ 10.1　公的年金の必要性

　本章では公的年金について議論する。公的年金は，日本では年金「保険」として運営されており，いわば年金支給年齢以上に長生きするリスクに対する一種の生存保険である。通常「生命保険」といわれるのは，多くの場合貯蓄性を付加してはあるが，死亡保険であり，死亡するリスクに対する保険である。すなわち，死亡したときに保険金が支払われる。これに対して生存保険は原則として生きている場合にのみ支払われる。そして，市場で民間保険会社が提供する保険はいずれの場合にも任意加入である。そのため，満期に生

図 10-1　65 歳以上人口対労働人口の推移

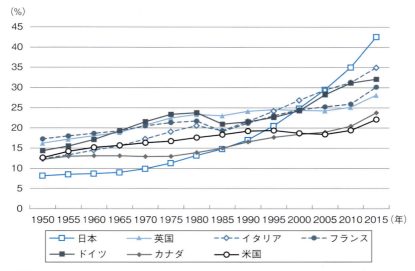

出所：World Population Prospects 2017（UN）

きていると考える人ほど生存保険に加入しようとする「逆選択（逆淘汰）」が生じやすい。また，民間保険会社の方も，長生きしそうにもない人が死亡保険に加入すること，および，長生きしそうな人が生存保険に加入することを阻止しようとするだろう。

　これに対して，日本の公的年金保険はすべての人が強制的に加入することが期待されている。国民全体で長生きするリスクを負担しようとする制度である。しかし，他方で保険として運営するために「未納率」はゼロにはならない。そこで，年金財源を税によって賄うべきであるという議論が生じる。未納率がゼロになれば，税による調達と同じになる。本章では，未納率がゼロである状況を想定して，保険料を社会保障（年金）負担とよんで議論を進める。

　ほとんどの先進諸国が人口の高齢化に直面している。図 10-1 は，国連によって発表されているものであり，1950 年から 2015 年にかけて 15 歳から

10.1　公的年金の必要性 ● 173

64 歳の労働人口に対する 65 歳以上の人口の比率を 5 年ごとに推計した値である。しばしばマスコミなどでいわれるように，労働人口が高齢者世代を支えるとすれば，支える側の人数が支えられる側の人数に比べて徐々に少なくなっていることが見て取れる。特に日本はこの変化のスピードが速く，支える側の負担が急激に増えていることが分かる。1970 年ころには 10 人で 1 人を支えていたのが，2015 年にはほぼ 2 人で 1 人を支えなければならなくなっている。したがって，世代間の経済的な関係がそれにあわせて急激に変化する必要があると考えられる。一つの重要な関係が年金である。

■ 10.2　公的年金の仕組みと種類

　公的年金の給付調達の仕組みとして「積立方式（funded system）」と「賦課方式（pay-as-you-go system）」がある[1]。前者は給付を受け取る世代の労働期に年金負担を負わせる仕組みであり，後者は年金負担を次の労働世代に負わせる仕組みである。2 つの仕組みの違いを説明するために個人の生涯期間を労働期と引退期の 2 つの期間に分けた世代重複モデルを考える[2]。図 10-2 の点線の矢印が積立方式の年金の負担と給付の方向を表しており，実線の矢印が賦課方式の年金の負担と給付の方向が示されている。

　個人の労働期の年金負担（率）が一定に決められており，引退期に受け取る給付が年金制度予算などを満たすように決まってくる年金は確定拠出年金とよばれ，逆に給付（率）が一定に決まっており，年金制度予算等を満たすように年金負担が決まってくる年金は確定給付年金という。

　本章では特に断らない限り各世代は代表的個人によって表されると仮定する。

1　積立方式と賦課方式の年金の簡潔な解説は Samuelson（1975）にある。
2　説明のために，親世代に扶養される子どもの期間は省略してある。

174 ● 第 10 章　年　金

■ 10.3 公的年金の経済学的側面

　公的年金を経済学的に説明するために，図10-2の各世代のライフサイクルを考える。各世代の代表的個人の労働所得が w で与えられ，個人は引退期には労働しないと仮定する。個人の労働期の消費および引退期の消費をそれぞれ c^y および c^o で表すと，この個人の2期間の消費から得られる生涯効用は効用関数 $U = u(c^y, c^o)$ で表される。遺産は残さないと仮定する。他方，利子率を r で表すと，この個人の労働期の予算制約および引退期の予算制約はそれぞれ

$$w = c^y + s \tag{10.1}$$
$$c^o = (1+r)s \tag{10.2}$$

で与えられる。ここで s は引退期の消費に備えて労働期になされる貯蓄である。(10.1) 式および (10.2) 式から貯蓄 s を消去すると，生涯予算制約

$$w = c^y + \frac{c^o}{1+r} \tag{10.3}$$

をえる。個人はこの生涯予算制約の下で生涯効用を最大にする消費の組合せ (c^y, c^o) を選択する。図10-3では，横軸に労働期の消費が測られており，縦軸に引退期の消費が測られている。図10-3には，横軸の切片が賃金所得 w で傾きが $1+r$ の直線で予算線が示されており，効用関数は原点に対して凸の無差別曲線群で表される。予算線と無差別曲線の接点 E が，生涯効用が最大となる最適消費計画の組合せを示している。点 E では予算線の傾きと無差別曲線の接線の傾きが等しい。無差別曲線の接線の傾きは労働期の消費と引退期の消費の間の限界代替率（MRS）を表す。したがって，効用最大化条件は

10.3　公的年金の経済学的側面 ● 175

図 10-2 積立方式と賦課方式

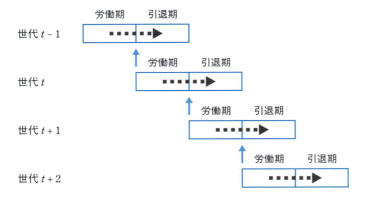

図 10-3 最適消費計画

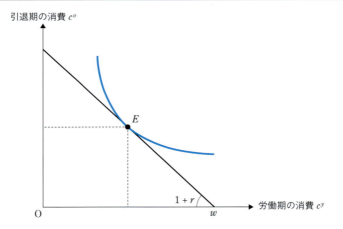

$$限界代替率 MRS = 1 + 利子率 \qquad (10.4)$$

である。この限界代替率は，現在消費が追加的に1単位増えるとき，効用水準をそのままの水準に保つために必要な将来消費の大きさを表す。他方，予算線の傾きは，現在消費を1単位減らすと将来消費を何単位増やせるかを表

す。条件（10.4）式はそれらが等しいことを意味する。

　以下では，確定拠出型の年金で，年金負担が一括額 τ で徴収され，年金制度予算は均衡するように給付額が決められると仮定する。1人あたり年金給付額を β で表すと，代表的個人の労働期と引退期の予算制約は以下のように書きかえられる。

$$w - \tau = c^y + s \quad \text{および} \quad c^o = (1+r)s + \beta$$

したがって，生涯にわたる個人の予算制約は

$$w - \left(\tau - \frac{\beta}{1+r}\right) = c^y + \frac{c^o}{1+r} \tag{10.5}$$

となる。（10.5）式の左辺の第2項のカッコ内は年金負担と年金給付の割引現在価値の差であり，その差額がプラスであれば年金制度はこの個人の生涯所得を増加させ，ゼロであれば生涯所得を変化させず，マイナスであれば生涯所得を減少させる。図 10-3 には，個人の生涯効用を最大化する消費計画の組合せが点 E で表されている。横軸方向の大きさが労働期の消費を，縦軸方向の高さが引退期の消費の大きさを表す。年金が生涯消費を増加させる場合には，予算線の横軸の切片が右方にシフトするので，最適点は点 E の右上方向に移動する。このとき個人の生涯効用は上昇する。逆に生涯消費が減少する場合には予算線が原点方向にシフトするので，最適点は点 E よりも左下の原点方向に移動し，生涯効用は低下する。

　以下では，積立方式と賦課方式について，年金制度の導入が個人の消費計画および生涯消費に与える影響を順に見ていこう。

● 積立方式年金

　まず，積立方式の年金が個人の最適化に与える影響を見よう。積立方式の下では労働期の個人から徴収した負担総額を政府が資本市場で運用した総額を引退した世代の個々人に給付する。したがって，年金制度予算は

10.3　公的年金の経済学的側面 ● 177

$$\tau N_t(1+r) = \beta N_t \qquad (10.6)$$

となる。ここで N_t は t 期に労働期にある世代の人数である。(10.6) 式から，年金を負担する世代の人数と年金給付を受ける世代の人数が同じなので，引退世代 1 人あたり給付額は $\beta = (1+r)\tau$ となる。

　積立方式の年金が導入されると，個人の労働期および引退期の予算制約はそれぞれ

$$w - \tau = c^y + s \qquad (10.7)$$
$$c^o = (1+r)s + \beta \qquad (10.8)$$

となる。生涯期間の予算制約は前と同様に求められ，

$$w - \tau + \frac{\beta}{1+r} = c^y + \frac{c^o}{1+r} \qquad (10.9)$$

となる。個人はこの予算制約の下で効用を最大化する消費計画を決める。ここで，(10.6) 式に注意すると，(10.9) 式の左辺は $w - [\tau - \beta/(1+r)] = w$ であるから，(10.3) 式と一致する。いいかえると，積立方式の年金制度が導入されても，年金制度がない場合と同じ生涯消費の組合せが選択されることが分かる。ここでは (10.7) 式から，個人の貯蓄は年金負担分だけ少ないことに注意すべきである。しかし，積立方式年金制度の下では，政府が資本市場で徴収額を運用する。そこで，政府が年金負担総額を貯蓄し，その運用益が同じ世代に給付することになるので，政府が個人に代わって貯蓄をしたことになっている。したがって，積立方式の年金制度は個人の消費計画に対して中立的である。

　ではなぜ，政府が年金制度を導入するのか。一つの理由は，個人が近視眼的に行動して，引退期のために十分な貯蓄を残さない可能性である。もし個人が合理的に行動せずに労働期の消費を大きくしすぎて引退期の消費が結果的に (10.4) 式を満たさないとすると，個人の効用が合理的に行動した場合

よりも低くなる。このような状況では，政府はこの可能性に対して家父長的（paternalistic）に干渉することで，個人の効用が高くなるように行動すべきであることになる。

● 賦 課 方 式

次に賦課方式を考える。賦課方式では労働世代から徴収した負担総額をその期の引退世代に給付するので，年金制度予算は

$$\tau N_t = \beta N_{t-1} \tag{10.10}$$

となる。ここで t 期から $t+1$ 期へ人口成長率を $n = N_t / N_{t-1} - 1$ で一定であるとすると，（10.10）式の年金制度予算均等条件から給付と負担の間の関係 $\beta = (1+n)\tau$ が得られる。つまり，τ の費用で $\beta = (1+n)\tau$ の収益をもたらすので，人口成長率 n が賦課方式の年金の収益率を表すと考えることができる。これを（10.9）式に代入して整理すると

$$w - \tau\left(1 - \frac{1+n}{1+r}\right) = c^y + \frac{c^o}{1+r} \tag{10.11}$$

となる。左辺第2項は年金負担と給付の割引率の差，つまり年金の純負担を割引現在価値で表した額である。

人口成長率が利子率に等しい（$n=r$）とき，（10.11）式は（10.3）式と一致する。すなわち，年金が導入されても個人の生涯所得の割引現在価値は変化せず，したがって消費計画も年金がない場合と同じになる。しかし，この場合でも $s = w - \tau - c^y$ なので，個人の貯蓄は年金負担分だけ少なくなる。しかも，賦課方式年金の場合には政府が積立（貯蓄）をしないので，経済全体の貯蓄＝投資は年金がない場合に比べて小さくなる[3]。

他方，$n<r$ のとき，生涯所得は賦課方式年金の導入によって自分の賃金

---

3 国債と類似の効果をもつことが知られている。

10.3 公的年金の経済学的側面 ● 179

所得よりも小さくなるので，労働期の消費も年金がない場合に比べて小さく
なると考えられる。しかし2期間の消費が下級財ではないとすると，生涯所
得の減少（$\tau[1-(1+n)/(1+r)]$）よりも消費の減少は小さく，労働期の年金
負担τよりも生涯所得の減少の方が小さいので，貯蓄は年金導入によってや
はり減少する。

また，$n>r$が成立する場合には，賦課方式の年金導入によって生涯所得
が増加し，労働期の消費も増大するので，貯蓄は賦課方式年金の導入に
よって減少する[4]。いずれの場合にも，賦課方式年金は貯蓄を減少させる可
能性がある。

多くの先進諸国と同様に，日本の年金制度も基本的にはこの賦課方式であ
る。なぜこのような方式が採用されたかを推測してみる。第二次大戦後，日
本は急速な所得の上昇とベビーブームによる労働人口増加に直面した。当時
の引退世代が老後のために蓄えた貯蓄が十分な引退後消費をもたらすとは限
らず，年金制度を導入する際に，それら高齢者に給付をすることが社会的に
認められたことと，労働人口増加の下ではそれら給付のための負担が労働者
にとってそれほど大きなものではなかったと考えられる。

次に，現在のように人口および労働人口が減少し，逆に年金給付を受ける
高齢者が多くなっている状況では，労働者1人あたり年金負担に対して受給
者1人あたり給付額が少なくなる。同時に，人口成長率の低下は年金収益率
を低下させている。これら2つは現役労働世代の年金収益を考慮した後の生
涯所得そして生涯消費したがって生涯効用を低下させる方向に働いている。
図10-4にこの様子が描かれている。年金がない場合の個人の最適は点Eで
示され，$n<r$の場合の賦課方式年金がある場合の個人の最適が点E'で表さ
れている。労働者の負担をこれ以上大きくしないとすれば，引退世代1人あ
たりの給付額を低下させざるをえない。労働世代にとっては，人口成長率が

4　資本収益率である利子率が人口成長率よりも低い状況は「動学的に非効率」であるといわ
れる。現実の経済が長期にわたってこのような状態にありそうにもないことがいくつかの研究
によって示されている。

図 10-4 最適消費計画：賦課方式年金の影響（$n<r$）のケース

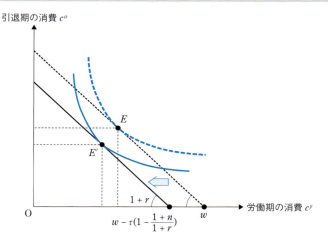

さらに低下すれば，年金収益率がさらに低下することになる。これが年金改革に関する議論を引き起こしている。

10.4 労働供給に与える影響

　前節で示したように，積立方式は個人の行動および経済全体の貯蓄などマクロ的な影響はほぼもたらさないので，賦課方式の年金がもたらすと考えられる他の重要な影響について考える。前節では，個人の労働供給が一定であると仮定したが，生涯期間で考えると，引退時期の変更による生涯労働供給の選択が年金制度によって影響を受ける可能性がある。すなわち，引退時期を早めることで生涯労働供給を減らしたり，引退時期を遅らせることで生涯労働供給を増加させることになる。

　（10.11）式の左辺第 2 項に（−1）を掛けた値が年金からの純収益の割引現在価値であり，人口成長率が利子率より高い（$n>r$）場合には年金収益を

考慮した生涯所得の割引現在価値が増加する。余暇が下級財でない場合には，この場合，労働供給は減少する可能性が高い。逆に利子率が人口成長率よりも高い（$n<r$）場合には生涯所得の割引現在価値は低下するので，労働供給は増加する可能性が高い。

労働供給は，長期的には，労働者数の増減によってももたらされる。賦課方式の年金制度の下では，家庭内の親子間所得移転ではなく，世代間の所得移転がなされる。いいかえると，引退世代の年金は次の労働者世代全体の負担で賄われる。それに対して，多くの資本主義国では子どもを持ち育てる費用の多くはその子どもの親の負担である。とすると，チーニョ（Cigno, 1993）らが示すように，次世代の子ども世代から受け取る年金受給権はある種の「公共財」であり，個人は自分では子どもを育てないで他人が育てた子どもの負担で年金をもらおうとするかもしれない。つまり他人の育児にただ乗りしようとするかもしれない。このような行動は子ども数の減少を通じて次世代の労働供給を減少させる可能性がある。

■ 10.5　年 金 改 革

先進諸国では，人口の高齢化と少子化が進展しており，年金収益率が低下することで労働世代の年金負担が大きくなり，世代間所得分配の不公平感の顕在化や様々な非効率が生じている。そこで，経済に関しては中立的な積立方式の年金への移行が年金改革として議論されてきた。現在年金を負担している世代は将来の年金受給を前提として負担しており，現在受給している世代は過去の負担に対する約束として給付を受ける権利を持っている。したがって，現在年金負担をしている世代の負担分をその世代の引退期の年金給付に積み立てることにすると，引退世代の年金給付の財源がなくなってしまう。他方，もし現在受給している世代にそのまま年金を支給して，かつ，現

在の労働世代の引退後の年金のために積み立てようとすると，現在の労働世代は「二重の負担」を負わなければならないことになる。

たとえば，図 10-1 の世代 t が労働期にあるときに，世代 t から年金システムが賦課方式から積立方式に変更されるとしよう。世代 $t-1$ は既に前の期に年金負担をしているにもかかわらず，年金給付に充てられるべき積立金は存在しない。そこで，働いている世代 t がその負担を負わざるをえない。すなわち，世代 t から $t-1$ への実線の矢印の移転は行われる。しかし，積立方式への移行はこの世代 t に自分が引退する次期の年金のための積立を求める。すなわち，横方向の点線矢印の拠出もしなければ年金がなくなってしまう。引退期に年金給付を受けるためには，両方向に負担をしなければならないことになり，年金改革がない場合に比べて，前世代 $t-1$ への移転分だけ生涯消費が減少することになる。

以上のことから，年金システムが賦課方式から積立方式に移行する場合には，必ず年金を考慮した生涯所得が減少する世代が生じる。パレート改善をともなう賦課方式から積立方式への移行は不可能であることが分かる。このことは，賦課方式の年金を導入する時点で，負担なしで給付を受けた世代が存在することから，直接導ける結果である[5]。

そこで，賦課方式を維持したままでの改革が議論されてきた。多くの場合，年金は現役労働期に得ていた賃金所得の一定割合（置換率を乗じた額）を給付額とされていた。つまり，確定給付型であった。人口の高齢化が少子化とともに進展すると，給付総額が高齢化とともに増大する一方で，それを賄うための負担額が労働者 1 人あたりでは大きく膨らむことになる。これが，本節の最初に指摘した問題である。

労働者の負担が大きくなりすぎると，年金制度そのものを維持することが困難になるほど経済に非効率がでてくる。そこで，労働者の負担をある程度の大きさに抑えることが考えられる。つまり，拠出総額の範囲内での給付へ

5　政府支出の国債調達の場合と類似している。

10.5　年金改革　● 183

の移行である[6]。この場合には，今度は年金受給者割合が増加している状況
では，年金受給者が受け取る給付額が1人あたりで見ると低下する。した
がって，受給者にとっては負担していた時に約束された「負担の一定割合の
給付」という約束が守られないことになるという意味で，政策に時間不整合
（time inconsistency）が生じることになる。

　しかし，年金制度の維持が社会的に便益をもたらすものであるとすれば，
その費用が多くない限りで社会的には受け入れざるをえないだろう。した
がって，賦課方式を維持した改革であってもパレート改善をともなう改革は
困難である。

> ◎ **Point10.1**
> 賦課方式から積立方式への年金改革は，拠出世代に対する二重の負担が
> 生じる可能があり，困難である。

■ 10.6　年金と介護

　年金と並んで高齢者にとって重要な問題として，介護の問題がある。誤解
を恐れずにいえば，年金が金銭的な高齢者への資源の配分であるのに対して，
介護サービスは現物的な資源の配分と考えることができるかもしれない。金
銭的な配分は現物的な配分と必ずしも代替的ではなく，補完的な場合もあり
うる。たとえば，年金給付額で民間の介護サービスを購入することは可能で
あるが，他方，年金給付は介護サービスとは異なる財・サービスの消費を可
能とすることで高齢者の厚生を増加させると考えられるからである[7]。

6　2004年の日本の年金改革はこのような方向に沿ったものであった。
7　医療サービスについても高齢者への支出が大きく，同様の問題が生じている。

しかし，両者には決定的な違いが存在する。年金は上で説明したように積立方式による運営が可能であるが，介護サービスの場合には，現役世代から供給してもらうしか方法はない。したがって，高齢者の増加が介護サービスの必要性を増大させると，介護サービス供給に向けられる資源あるいは労働が増加し，他の財生産に向けられる資源が減少して生産水準が低下することになる。これが介護サービスの価格を引き上げることになり，介護が必要な高齢者を抱える家庭では，家庭内で介護をしようとするかもしれない。市場で供給される介護サービスと家庭内で供給される介護サービスは完全に代替的ではないかもしれないが，かなりの程度代替性を持つと考えてよい。家庭内介護サービスの場合には，この側面からも，高齢者の増加が市場への労働供給を減少させる結果となるだろう。また，その家庭の所得の減少も同時にもたらす可能性がある。

　高齢者の増加は，市場を通じるにせよ，家庭内で供給されるにせよ，介護サービス需要を増加させ，他の財・サービス生産に充てられる資源を縮小させるだろう。そこで，問題は市場と家庭の間で介護の負担をどのように負担するかである。

参考文献

Cigno, A.（1993）Intergenerational transfers without altruism: Family, market and state, *European Journal of Political Economy*, **9**(4), 505–518.

Samuelson, P. A.（1975）Optimum social security in a life-cycle growth model, *International Economic Review*, **16**(3), 539–544.

◆ 練 習 問 題

1. 個人が 2 期間生きる世代重複モデルにおけるある世代の生涯効用関数を $U = (c^y)^{1/2}(c^o)^{1/2}$ とする。c^y および c^o は労働期および引退期の消費である。労働期の賃金所得が $w = 300$ とし，確定拠出型の年金負担額が $\tau = 100$ であるとする。年率の利子率 3%，人口成長率 2% で 1 期間 30 年とすると，$1 + r = (1 + 0.03)^{30} \approx 2.43$ および $1 + n = 1.02^{30} \approx 1.81$ である。

このとき，以下の問いに答えなさい（解答は小数点以下 2 桁以降を切り捨てて示すこと）。

(1) 賦課方式の場合の年金政策当局の予算制約を書きなさい。1 人あたり給付額を β とすること。

(2) 賦課方式の年金の下での個人の労働期および引退期の消費を求めなさい。

(3) 積立方式の場合の年金政策当局の予算制約を書きなさい。1 人あたり給付額を β とすること。

(4) 積立方式の年制度の下での個人の労働期および引退期の消費を求めなさい。

(5) 人口成長率が年率 4% になるとき，賦課方式の年金制度の下での個人の労働期および引退期の消費を求めなさい。また，積立方式の下での個人の労働期および引退期の消費も求めなさい。

第 11 章

公 共 投 資

■ Introduction

　本章では政府の投資活動について説明する。フローの公共投資は蓄積されて公共資本ストックとなり，第 7 章で説明された公共財の性質を持つサービスを生じる。需要面は第 2 章で説明されたので，本章では供給面の影響に焦点を当てる。2 節で日本の公共投資の推移を概観する。2 節および 3 節では，政府の公共投資の資金調達が民間経済に与える影響を考慮し，最適な公共投資水準が満たすべき条件を示す。4 節では新古典派成長モデルにおける公共投資の経済の供給能力に与える影響を考察し，5 節では経済成長のエンジンとしての公共投資のありかたを説明する。6 節および 7 節ではいわゆる生産基盤投資以外の投資的な性質を持つ公共支出についてその効果を考えてみる。

■ 11.1　公共投資とは

　フローの公共投資はストックの公共資本となって様々なサービスを生じる。公共投資公共資本は大きく 2 種類に分けられる。一つは民間の生産効率性を向上させる産業基盤公共資本と人々の生活に結びついて人々の効用を直接上昇させる生活基盤公共資本である。産業用道路や工業用上下水道などが前者の例であり，公園や生活道路などが後者の例である。ただ，実際には，市街の道路など両方の性質を持つものも多い。本章では，主として産業基盤公共

資本について考える。ここで公共投資というのは，蓄積される資本ストックから生み出されるサービスの性質が「公共財」の性質を持つかどうかによる区別であって，その資本を供給する主体による区別ではないことに注意が必要である。

第 2 章では総需要の構成要素として公共投資の支出としての側面が説明されたが，本章では経済の供給能力に影響を与える生産要素としての側面に焦点を当てる。

経済における投資の問題は次のように 2 つの問題に分けて考えることができる。(1) 経済全体として，現在どれだけを消費し，将来消費するためにどれだけを現在消費しないで貯蓄＝投資するかの決定，および，(2) 民間部門と公共部門でそれぞれどれだけ投資するかの決定である。いいかえると，これらは (1) 現在の消費を我慢する「費用」と将来消費から得られる「便益」との比較の問題，および，(2) 公共投資の便益と私的投資の便益との比較の問題ということになる。

図 11-1 には，1988 年から 2016 年までの G7 諸国の一般政府の固定資本形成対 GDP の推移が示されている。図の期間には含まれていないが，日本は高度成長期から 2000 年代初頭まで他の先進諸国に比べて高い比率を維持してきた。その後低下して，2000 年代後半には他の諸国とほぼ同じ水準になっている[1]。1970 年代に蓄積された資本ストックはやがて老朽化し，維持・更新のための投資を必要とする。しかし，図に見られるように近年他の先進諸国並みに対 GDP 比率が低くなっている。したがって日本では近い将来に公共資本ストックの減少が生じる可能性がある。どのような水準に公共資本ストックを整備するのが望ましいのだろうか。

---

1 米国の系列には 2005 年と 2006 年の間に不連続がある。

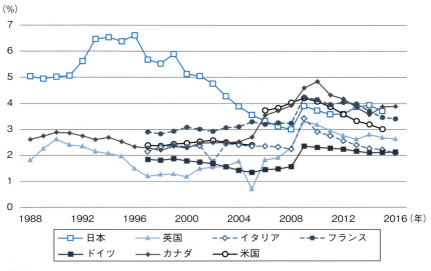

図 11-1　一般政府の公共投資対 GDP 比率の推移

出所：OECD *National Accounts of OECD Countries: Detailed Tables (2010, 2014, 2017)*

11.2 「現在消費」と「将来消費」の間の選択

　ここで考えるモデルを直感的に図示すると図 11-2 のようになる。時間視野が「現在」と「将来」の2期間の簡単なモデルを考えよう。現在期の初期資源は所与であり，この資源は消費することも貯蓄することもできると仮定する。また議論を簡単にするために経済全体があたかも1つの経済主体であるかのように意思決定を行うと考える。このとき経済の目的は現在の消費と将来の消費から得られる効用を最大にすることである。現在期の初期資源の多くを現在消費してしまうと将来消費のための資源が少なくなる。逆に将来消費を大きくするためには，現在期の消費を少なくして将来のために多くの

資源が残されなければならない。現在消費と将来消費の組合せのうちどのような組合せが望ましいかはこの経済全体の「選好（好み）」に依存する。ここでは，この経済の選好が期間を通じて変化しないと仮定し，$u(c_1, c_2)$ で表す。c_1 および c_2 は現在および将来の消費水準である。将来の消費財生産技術は民間資本 k と公共投資 g の凹関数 $f(k, g)$ で表される[2]。

　市場経済の下では，（初期）所得を持つのは民間部門であり，民間部門がどれだけ貯蓄するか（＝どれだけ現在消費するか）を決める。民間の貯蓄は，基本的には，民間の資本蓄積に充てられる。他方，政府は，公共投資をするためには，民間経済主体に課税するか，公債を発行して収入を確保しなければならない。本節では，公債発行によって資金調達すると仮定する。民間部門に民間資本とともに公債を資産として保有してもらうためには，公債の利回りを市場利子率（＝民間資本の収益率）と等しく設定する必要がある。

　本節の2期間モデルでは，現在期の民間投資はそのまま将来期の民間資本ストックに，公共投資はそのまま公共資本に等しくなる。公共投資は政府によって決定されるので，民間部門は公共資本の大きさを所与として，現在消費と将来消費の組合せから得られる効用が最大になるように貯蓄（結果的には民間投資も）の大きさを決める。すなわち，貯蓄は現在消費1単位に対して将来消費で測って利子率に等しい収益率をもたらす水準までなされる（投資資金が供給される）。他方，民間投資は収益率が利子率に等しくなる水準までなされる（資金が需要される）。

　政府の目的は，民間部門の効用最大化行動および民間投資行動を所与として，現在と将来の消費からの経済全体の効用が最大になるように公共投資の大きさおよび公債発行額を決める。公共投資資金調達のための公債発行は2つの影響を経済に与える。一つは民間貯蓄と民間投資の間に乖離を生じることであり，もう一つは公共資本を通じて将来の生産に影響を与えることである。他方で公債は将来期に償還される必要があるので，政府は公債償還のた

2　民間資本および公共資本の限界生産性はプラス（$f_k \equiv \partial f / \partial k > 0$ および $f_g \equiv \partial f / \partial g > 0$）で逓減的である（$f_{kk} \equiv \partial^2 f / \partial k^2 < 0$ および $f_{gg} \equiv \partial^2 f / \partial g^2 < 0$）と仮定する。

図 11-2 公共投資が経済に与える影響

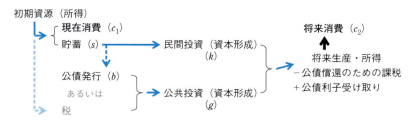

めに将来の所得に課税する。

したがって，政府にとってここで考慮すべき点は，どれほど経済の利用可能な資源を公共投資のために割くかである。公債発行＝公共投資が大きすぎると民間投資が小さくなり，利子率が上昇する。それによって民間の現在消費－貯蓄選択を通じて現在消費が小さくなってしまう可能性がある。また，民間投資も少なくなる。つまり，公共投資の決定にとって重要なのは，公共投資からの収益に対して，公共投資の費用（民間投資の変化を通じる将来アウトプットの変化と現在消費と将来消費の間の代替を通じる効用の変化を将来消費で測った大きさの合計で表される）が，どれほどの大きさであるかである。

公共投資の便益と費用を比較する際に注意を要する問題がある。公共投資の便益は将来期に実現するのに対し，投資の費用は現在期に生じることである。経済学では，異なる時点の金額をそのまま足したり引いたりできないことはよく知られており，現在期か将来期のいずれかの価値にそろえる必要がある。多くの場合，現在価値に割り引かれるが，本節では将来期の価値で費用と便益を比較する。費用便益分析のルールは，このように評価すべき時点あるいは期間における価値のタームで，便益が費用よりも大きければその投資プロジェクトは社会的に実施する価値があると判断し，逆に費用が便益を上回れば実施すべきでないと判断する。したがって，費用と便益（効果）が等しくなる公共投資水準が社会的に最適となる。

さて，現在時点での公共投資の大きさを Δg で表す。上で述べた通り，公

共投資支出は民間の資源利用量を減少させるので，現在消費と民間投資の変化をそれぞれ Δc_1 および Δk で表すと，公共投資の現在時点の費用は $\Delta c_1 + \Delta k (= -\Delta g < 0)$ で表される。つまり，公共投資に充てられる資源は，公共投資に使われなければ民間消費と民間投資に充てられたであろう資源の大きさに等しい。

公共投資の収益は，将来時点の財の大きさで表すと，$f_g \Delta g$ である。他方，現在期の現在消費の変化 Δc_1 を将来期の消費の変化の大きさで表すには，Δc_1 に限界代替率を掛ければよい。つまり，現在消費の変化を将来消費の大きさに換算すると $MRS \cdot \Delta c_1$ となる。ここで，$MRS \equiv -dc_2/dc_1$ は現在消費と将来消費の間の限界代替率である（図 11-3）。したがって，対応する将来消費の変化を Δc_2 とすると，$\Delta c_2 = MRS \cdot \Delta c_1$ と書くことができる。

また，民間投資変化を将来アウトプットの大きさで表すには，限界生産性を掛ければよい。つまり，民間資本の変化 Δk は将来期のアウトプットを $f_k \cdot \Delta k$ だけ変化させる。したがって，公共投資の費用を将来期の資源のタームで表すと，現在消費変化×限界代替率＋民間投資変化×民間投資の限界生産力，つまり $MRS \cdot \Delta c_1 + f_k \cdot \Delta k$ と書くことができる。負の値で示されていることに注意しよう。この費用は現在時点で公共投資に充てられる資源の機会費用を表す。

したがって，社会的に最適な公共投資の水準は，将来期の資源のタームで表した便益と費用で $f_g \cdot \Delta g + (MRS \cdot \Delta c_1 + f_k \cdot \Delta k) = 0$ を満たす水準で与えられる。ここで，公共投資の大きさは $\Delta c_1 + \Delta k (= -\Delta g)$ なので，公共投資の追加的な 1 単位の費用は，加重平均で

$$\frac{MRS \cdot \Delta c_1 + f_k \cdot \Delta k}{\Delta c_1 + \Delta k} \tag{11.1}$$

と書くことができる。他方，公共投資の追加的な 1 単位がもたらす将来アウトプットの大きさは f_g なので，最適な公共投資の大きさはこれらが等しくなる水準といいかえることができる。すなわち

図 11-3 現在消費と将来消費の間の限界代替率

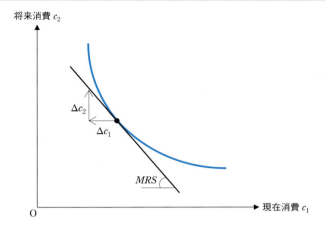

$$f_g = \frac{MRS \cdot \Delta c_1 + f_k \cdot \Delta k}{\Delta c_1 + \Delta k} \quad (11.2)$$

である。ところで，追加的な 1 単位の公共資本から得られる収益率の割引現在価値がちょうど資源費用 1 単位と等しくなる割引率，すなわち，$f_g/(1+\rho_g)=1$ を満たす割引率 ρ_g は公共投資の適切な割引率といわれる。(11.1) 式から，公共投資の適切な割引率は (11.2) 式の右辺から 1 を引いた値である。様々な公共投資プロジェクトの採否が検討されるとき，収益率で見て (11.2) 式を満たすような公共投資プロジェクトがもっとも低い収益率となっている。つまり，その投資プロジェクトの収益率の割引価値と費用が等しくなっている。

一般に，投資プロジェクトの収益の割引価値と費用を等しくするような割引率はそのプロジェクトの内部収益率といわれる。したがって，(11.2) 式は，公共投資プロジェクトの内部収益率が現在消費の機会費用と民間投資の機会費用の加重平均に等しくなるプロジェクトまで行うべきであることを示している。

■ 11.3　一括税による公債償還と資源配分に ゆがみをともなう税による公債償還

　将来時点で公債償還費用が賄われる課税について2つのケースを考える。一括税による公債償還の場合には，資源配分がパレート効率性の意味で最適となることが知られている。他方，利潤税など，資源配分にゆがみ（distortion）をもたらす税は民間投資のための資金供給側と資金需要側が直面する収益率の間に税によるゆがみが生じるので，資源配分はパレート効率性の意味で最適とはならない。したがって，資源配分にゆがみを生じる税による調達の場合には，資源配分のゆがみから生じる非効率という形で生じている社会的費用も投資決定において考慮されなければならない。

● 一括税が利用可能な場合

　一括税による公債償還は，資本市場に資源配分のゆがみを生じないので，現在消費と将来消費の間の限界代替率 MRS は $1+r$ に等しく，また，民間資本の限界生産性も $1+r$ に等しい。すなわち

$$MRS = 1 + r = f_k \tag{11.3}$$

が成立する。ここで r は市場利子率（公債に対して支払われる利子率）を表す。（11.3）式の関係を（11.2）式に代入すると

$$1 + \rho_g (\equiv f_g) = 1 + r (= f_k) \tag{11.4}$$

が成立する。つまり，公共投資の適切な割引率は市場利子率で与えられる。したがって，市場利子率に等しいかそれよりも高い内部収益率が期待できる公共投資プロジェクトしか社会的には受け入れるべきではないことになる[3]。

　3　数式による導出は本章末の補論を参照されたい。

194 ● 第11章　公共投資

図 11-4 一括税が利用可能な場合（$f(k,g)=h(k)+z(g)$ と仮定）

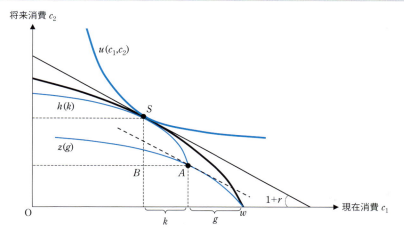

図 11-4 に最適解が点 S で描かれている。図では初期資源が w とし，生産関数を $f(k,g)=h(k)+z(g)$ と特定化している。点 S を通る実線の傾きが $MRS=1+r$ に等しい。また，同時に，公共部門の生産関数 $z(g)$ の点 A における接線の傾き $z'(g)[=f_g(k,g)]$ と民間部門の生産関数 $h(k)$ の点 S における接線の傾き $h'(k)[=f_k(k,g)]$ は，点 S で接する無差別曲線の接線の傾き MRS に等しくなっている。現在消費の大きさは $c_1=w-k-g$ で与えられ，将来消費は $c_2=h(k)+z(g)[=f(k,g)]$ で与えられている。ここで，BS の長さが私的生産 $h(k)$ の大きさであり，横軸と点 A の縦の長さが公的生産の大きさ $z(g)$ である。

● 資源配分のゆがみをともなう税によって公債償還がなされる場合[4]

民間部門のネットのアウトプットに対して τ の率で課税されると仮定して

---

[4] 民間資本からの収益に税を課した場合には税収 $\tau[f(k,g)-k]$ が公債の償還に必要な金額に等しいとは限らないため，一般には追加的に課税（所得移転）が生じる。厳密なモデル分析では，消費変化が粗効果ではなく代替項によって示されることで，このような考慮がなされる。本章末の補論も参照されたい。

みよう。ネットのアウトプットは $f(k,g)-k$ なので，税引き後の限界的な資本からのアウトプット（投資の限界収益）は $(1-\tau)(f_k-1)$ となる。民間資本（投資）と公債が同時に保有されるためには裁定条件 $(1-\tau)(f_k-1)=r$ が成立していなければならない。そこで

$$f_k = 1 + \frac{r}{1-\tau}(>1+r) \tag{11.5}$$

をえる。課税後の資本収益率が市場利子率に等しいので，課税前の資本収益率は市場利子率よりも高い。他方，消費に関しては民間の最適化から $MRS=1+r$ が成立するので，生産者が直面する民間資本の収益率と消費者が直面する貯蓄の収益率が乖離する。つまり，ネットの資本収益 (f_k-1) に対する税は資源配分のゆがみをもたらす。このとき公共投資の適切な割引率を表す（11.2）式は

$$1+\rho_g(\equiv f_g) = \frac{(1+r) \cdot \Delta c_1 + \left(1+\dfrac{r}{1-\tau}\right) \cdot \Delta k}{\Delta c_1 + \Delta k} \tag{11.6}$$

となる。（11.5）式を考慮すると，消費変化および民間投資変化がともにゼロではない場合には

$$MRS(=1+r)<1+\rho_g(=f_g)<f_k\left(=1+\frac{r}{1-\tau}\right) \tag{11.7}$$

が成立する。すなわち，公共投資の適切な割引率 ρ_g は市場利子率 r よりも高いが，民間投資の割引率 $r/(1-\tau)[\equiv \rho_k]$ よりも低い。（11.7）式の第2の不等号（$f_g<f_k$）は，一括税の場合に比べて，課税によって民間資本が抑制されて将来のアウトプットが小さくなるのを補うように公共投資をより多く行うべきであることを意味している。また，公共投資が現在消費だけを減少させて行われるのではなく民間投資も減少させることを反映して，公共投資の

機会費用が現在消費の機会費用よりも大きくなっていることから，（11.7）式は公共投資が一括税の場合に比べて大きくなりすぎないように抑制すべきであることを意味している[5]。

■ 11.4 公共投資と経済成長：ソロー・モデル

前節の議論では公共投資あるいは公共資本蓄積が GDP の成長率である経済成長に与える影響を検討してこなかった。そこで，本節では新古典派の成長モデルであるソロー・モデルに公共投資を導入することでより長期間にわたる公共投資の経済への影響を分析する。

まずソロー・モデルを説明する。ソロー・モデルの特徴は（1）規模に関して収穫一定の生産関数と（2）時間を通じて一定の貯蓄率である。資本と労働という生産要素投入をある同じ倍率で増加させると生産量がちょうど同じ倍率だけ増加する場合，その生産技術は規模に関して収穫一定であるといわれる。また，人口成長率が外生的に一定値 n（>0）に固定されている。集計的生産技術が規模に関して収穫一定の生産関数 $Y = F(K, N)$ で表されると仮定する。ここで Y，K および N は GDP，集計的民間資本ストックおよび人口である。各人は各時点に 1 単位の労働を供給すると仮定する。したがって労働量と人口は等しい。貯蓄率を s（$0 < s < 1$）とすると，貯蓄は

5　民間資本と公共資本が技術的に補完の関係を持つとき，つまり $f_{gk} > 0$ のとき，公共資本は民間資本の限界生産性を上昇させる。すなわち，公共投資の費用の一部が民間資本の蓄積を促進して将来期のアウトプットを増加させることによって，公共投資の費用を低下させるのと同様の作用をもたらす。したがって，$f_{gk} > 0$ のとき公共投資の適切な割引率は（11.6）式の右辺よりも小さくなる。つまり，公共資本が民間資本の限界生産性を高めることで公共投資の機会費用をそれに対応して低くするので，より多くの公共投資がなされることが社会的に望ましくなる。両投資が技術的に代替的である場合には，逆に，公共投資の適切な割引率はより高くなる。公共投資の費用が $f_{kg} = 0$ である場合に比べて相対的に大きくなるので，公共投資を抑制することが社会的には望ましいことになる。

11.4　公共投資と経済成長：ソロー・モデル ● 197

$s(1-\tau)Y$ と書ける。$(1-\tau)Y$ は可処分所得であり，τ は所得税率で $0<\tau<1$ を満たす。ここで資本ストック K の時間に関する変化率が投資に等しいことを想起すると，$I=dK/dt$ が成立する。t は時間を表す。以下では時間に関する変化率を変数の上にドットを付けて表すことにする（たとえば，$\dot{K}=dK/dt$ とする）。

ここで政府は税収 τY のすべてを民間資本と完全に代替的な資本の蓄積に充てる投資促進策を採ると仮定しよう。したがって，この経済では民間貯蓄と政府貯蓄（この場合税収に等しい）が経済全体の貯蓄（＝投資資金）となる。したがって財市場の均衡条件である貯蓄と投資の均衡式は

$$[s(1-\tau)+\tau]Y=\dot{K} \tag{11.8}$$

と書くことができる。(11.8) 式の両辺を人口で割り，1 人あたりのタームに書きなおすと

$$[s(1-\tau)+\tau]f(k)=\dot{k}+nk \tag{11.9}$$

となる。ここで，生産関数の規模に関する収穫一定性の性質から $F(K,N)/N=F(K/N,1)\equiv f(K/N)=f(k)$ であり，また 1 人あたり資本ストックを $k\equiv K/N$ と定義している。1 人あたり GDP は 1 人あたり資本の大きさによって決定される。(11.9) 式の右辺第 1 項は 1 人あたり資本ストックの時間に関する変化率であり，第 2 項は人口増加によって 1 人あたり資本ストックの低下が生じるのを防ぐのに必要な貯蓄（資本蓄積）の大きさを表している。

長期均衡を 1 人あたり資本ストックおよび 1 人あたり GDP が変化しない時間経路と定義すると，長期均衡では $\dot{k}=0$ が成立する[6]。このような長期均衡は定常状態（steady state）といわれる。長期均衡では 1 人あたり資本ストックが一定であるので，資本ストックの成長率と人口成長率が等しく

6　長期均衡の存在は容易に確かめられる。

図 11-5　民間資本と完全代替的な公共資本の効果

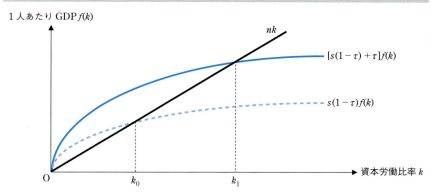

なっている。生産関数の規模に関する収穫一定性から，これは1人あたりGDPも時間を通じて一定であることを意味する。したがって，GDPの成長率である経済成長率は人口成長率 n に等しいことになる。他方，1人あたり資本ストックが一定なので，1人あたり所得の成長率はゼロである。

　図 11-5 は政府が投資＝資本蓄積に介入しない場合の長期均衡と政府が税収を投資に向けた場合の長期均衡の2つを図示している。縦軸は1人あたりGDPの単位で測られており，横軸は資本労働比率 $k \equiv K/N$ が測られている。政府が投資＝資本蓄積に介入しない場合の（11.9）式の左辺が点線で表されている[7]。他方，右上がりの直線は（11.9）式の右辺第2項であり，長期均衡ではこれらが等しくなる。その長期均衡における資本労働比率が k_0 である。この長期均衡における一人あたりGDPは $f(k_0)$ である。これに対して，政府が税収を資本蓄積に向けるような介入政策をとる場合には，経済全体の貯蓄＝投資は（11.9）式の左辺であり，図 11-5 の実線によって表される。この場合，長期均衡の資本労働比率は k_1 で表される。1人あたりGDPは $f(k_1)$ であり，政府の介入がない場合よりも大きくなっている[8]。

---

[7]　税収は消費的政府支出に向けられる。
[8]　民間の消費支出は，政府の資本蓄積介入政策がなさない場合より資本蓄積介入がなされる場合の方がより大きいとは限らない。

11.4　公共投資と経済成長：ソロー・モデル　● 199

ここで注目すべきなのは，税率したがって公共投資の大きさを政策的に変更したとしても，長期均衡における1人あたり所得の成長率も経済成長率も変化しないことである。他方，税率が引き上げられると，経済全体の貯蓄率が大きくなる。それによって1人あたり資本ストックが大きくなるので，長期均衡においても1人あたり所得水準はより高くなる。したがって，単純なソロー・モデルでは，政府の資本蓄積介入政策は，1人あたり GDP の水準を増大させるが，1人あたり GDP の成長率は変化させない。

上記のモデルでは民間投資と公共投資が完全に代替的であると仮定したが，この仮定は現実的ではない。もし完全に代替的でないとすると，民間投資と公共投資は経済に異なる影響を与えることになる。実際，1990年前後に，生産関数を $Y = F(K, N, G)$ の形でそれぞれの生産要素の経済成長率に対する寄与率を求めたいくつかの研究において，公共資本の貢献がかなりの大きさであることが示された[9]。そこで，以下ではバローのモデルにもとづいて，公共投資が民間投資と異なる影響を経済に与える場合を検討してみよう。

■ 11.5　公共投資と経済成長：バロー・モデル

前節の連続時間モデルとは異なり，本節では離散時間モデルを使うことにする。バロー（Barro, 1990）にしたがって，公共支出がすべての企業に公共財的なサービスを提供すると仮定する。財生産企業は多数あり，代表的企業 i の生産関数を

$$Y_{it} = N_{it}^{1-\alpha} K_{it}^\alpha G_t^{1-\alpha} \tag{11.10}$$

と特定化する。ここで Y_{it} は企業 i の t 期のアウトプット，N_{it} は企業 i の t

9　たとえば，Aschauer（1989）や岩本（1990）などを参照のこと。しかし，必ずしも公共資本が経済成長に大きな貢献はないとする研究もなされている。

図 11-6 企業 i の最適化

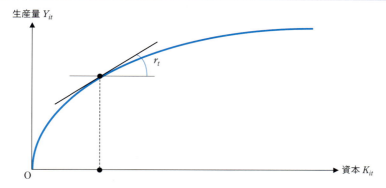

期の労働雇用量，K_{it} は企業 i の t 期の資本ストック，そして，G_t は t 期の公共サービス（フロー）の大きさを表す。資本ストックと雇用労働は各企業 i の変数であるが，公共サービスはすべての企業の共通であることに注意しよう。この企業の利潤極大条件は

$$\alpha \left(\frac{K_{it}}{N_{it}}\right)^{\alpha-1} G_t^{1-\alpha} - r_t = 0 \tag{11.11a}$$

$$\left(\frac{K_{it}}{N_{it}}\right)^{\alpha} G_t^{1-\alpha} - r_t \left(\frac{K_{it}}{N_{it}}\right) = w_t \tag{11.11b}$$

で与えられる。ここで r_t は t 期の資本レンタル価格（利子率に等しい）であり，w_t は t 期の賃金率である。条件（11.11a）式を図示したのが図 11-6 である。縦軸には生産量が測られ，横軸にはこの企業の資本が測られている。公共サービスが G_t の水準に与えられ，労働量が最適水準のときの生産関数が曲線で表されている。資本の限界生産物は生産関数の接線の傾きで表される。傾きは資本が大きくなるにつれて小さくなっている。つまり限界生産物は逓減している。(11.11a) 式の左辺第 1 項が資本の限界生産性であり，最適では，資本レンタル価格（＝利子率）に等しくなっている。限界生産物が逓減していることから，(11.11a) 式を満たす資本の大きさが一意に決まること

11.5 公共投資と経済成長：バロー・モデル ● 201

が確認できる[10]。

各企業の生産関数は労働と資本ストックについて規模に関して収穫一定なので，経済全体について企業の生産関数を合計して集計的生産関数

$$Y_t = \sum_i Y_{it} = \sum_i N_{it}^{1-\alpha} K_{it}^{\alpha} G_t^{1-\alpha} = N_t^{1-\alpha} K_t^{\alpha} G_t^{1-\alpha} \qquad (11.12)$$

を得ることができる。ここで，説明を簡単にするために人口規模が時間に関わりなく一定であると仮定し，その大きさを1に基準化する（$N_t = N = 1$）。

さて，ソロー・モデルの場合と同様に，政府は所得税を課し，税収をその期間内の公共支出に充てると仮定する。このとき政府の予算制約は

$$G_t = \tau Y_t \qquad (11.13)$$

と書ける。τ は（所得）税率である。このとき，（11.12）式と（11.13）式から

$$Y_t = \tau^{(1-\alpha)/\alpha} K_t \qquad (11.14)$$

を得ることができる。経済全体の集計的生産関数が資本ストックの線形関数となることに注意しよう。図 11-7 に集計的な生産関数が描かれている。個々の企業の生産技術では資本に関して限界生産性が逓減していたが，経済全体の集計的生産技術は限界生産性が一定となっている。限界生産物が逓減しないのは，所得税によって調達される政府支出がすべての企業の民間資本の生産性を上昇させることで，民間資本の限界生産性が逓減するのを防いでいることによる。（11.14）式のような集計的生産技術を持つモデルは *AK モデル*とよばれる。

資本市場の均衡条件は，ソロー・モデルと同様に，貯蓄と投資の均等によって与えられる。貯蓄率が s で一定であり，資本ストックが1期間の使用

---

10 労働についても同様に示すことができる。

図11-7 集計的生産関数 (11.14) 式

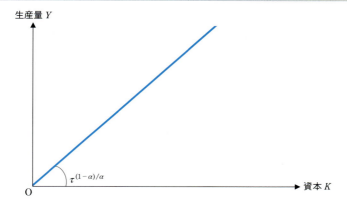

で完全に償却すると仮定すると，均衡条件は

$$s(1-\tau)Y_t = K_{t+1} \tag{11.15}$$

で与えられる。

　均整成長経路（balanced growth path）を人口以外のすべての内生的変数の成長率が一定になる成長経路と定義すると，均整成長率 γ は

$$\frac{Y_{t+1}-Y_t}{Y_t} = \frac{K_{t+1}-K_t}{K_t} = \frac{G_{t+1}-G_t}{G_t} \equiv \gamma - 1 \tag{11.16}$$

で表される。均整成長率は (11.14) 式と (11.15) 式から

$$\gamma = s(1-\tau)\tau^{(1-\alpha)/\alpha} \tag{11.17}$$

と求めることができる。本節では人口規模を1に基準化しているので，GDPは1人あたりGDPと同じになっている。(11.17) 式から，経済成長率は貯蓄率と税率に依存していることが分かる。すなわち，政府の政策がGDPおよび1人あたりGDPの成長率に影響を与える。したがって，将来のGDPおよび消費水準にも影響を与えることになる。この点はソロー・モデルとは対

照的である。このモデルでは，アウトプットの一部が貯蓄され，新たに資本ストックとなりそれが，さらにアウトプットを大きくしてゆくことで，アウトプットと資本ストックが同じ速度で成長してゆく。このような成長モデルは内生的成長モデルとよばれる[11]。

　さて，次に税率変更が均整成長率に与える影響を分析してみよう。(11.17) 式から次のように求めることができる。

$$\frac{d\gamma}{d\tau} = s\tau^{\frac{1-\alpha}{\alpha}-1}(1-\alpha-\tau)/\alpha \tag{11.18}$$

均整成長率が最大となるのは $\tau = 1-\alpha$ のときである。すなわち，税率がアウトプットの公共支出に関する弾力性に等しいときである。税率が $1-\alpha$ よりも低いときには，税率の引き上げは均整成長率を上昇させ，税率が $1-\alpha$ よりも高いときにはそれ以上の税率の引き上げは均整成長率を低下させる。

　これは次のように考えられる。税率が低い場合には，所得から公共支出に向けられる資源が小さく，他方，可処分所得が大きいので，貯蓄を通じて民間資本蓄積が大きい。したがって相対的に公共支出の生産性が高いときに，税率の上昇はより多くの資源（所得）を公共支出に向くようにする政策なので，成長率は上昇する。逆に，税率が十分に高い場合には，可処分所得が小さく，民間資本蓄積が小さくなる。これに対して公共支出は相対的に多くなされているので，公共支出の限界生産性は小さくなる傾向にある。その状況での税率の引き上げは生産性の高い民間資本蓄積から生産性の低い公共支出に資源を向けることになり，成長率を押し下げてしまう。この様子が図11-8 に描かれている。縦軸に均整成長率を測り，横軸に税率を測っている。税率と均整成長率の関係は逆 U 字形となる。

　このモデルでは税率は $\tau = G/Y$ なので，政府の規模を表す。成長率を最大にする政府規模がアウトプットの公共支出に関する弾力性 $1-\alpha$ で与えられ

11　これに対して，成長率が経済メカニズムの外から与えられる人口成長率によって規定されるような新古典派成長モデルは外生的成長モデルとよばれる。

204 ● 第 11 章　公 共 投 資

図 11-8 均整成長率と税率

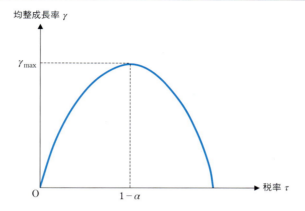

ることになる。この政府規模は，政府支出の費用と便益が同じ期間に生じている場合には，効率的であることが分かる。すなわち社会的に効率的な資源配分では，生産関数 $Y_t = K_t^\alpha G_t^{1-\alpha}$ から得られる政府支出の限界便益 $\partial Y_t / \partial G_t = (1-\alpha) Y_t / G_t$ と t 期の資源のタームで表した政府支出の費用 1 とが等しくなっていなければならない。すなわち，$G/Y = 1-\alpha$ となっていなければならない。これは分権的な経済で均整成長率が最大となっている税率が満たす条件と一致している。いいかえると，このモデルでは，成長率の最大化と社会的効率の最適化が同じ税率の下で達成されることを意味している。したがって，バローのモデルでは公共（投資）支出が**成長のエンジン**となっているのである[12]。

---

[12] もし公共資本をストックとして蓄積過程を考えると，社会厚生最大化をもたらす成長率と成長率最大化をもたらす税率は一致しないことが二神ら（Futagami et al., 1993）によって示されている。

■ 11.6　様々な公共投資の可能性
　　　：教育投資，健康投資と公的育児サービス

　これまでソロー・モデルとバロー・モデルを考察してきたが，公共支出が他の生産要素と完全に代替的ではなく，逆に他の生産要素の生産性を上昇させるような技術的補完関係にある場合には，公共支出は GDP の水準だけでなく，GDP の成長率にも影響を及ぼす可能性があることが分かった。たとえば，バロー・モデルにおける公共支出を，混雑が生じない状況での労働者の教育・訓練サービスの供給とみなすことができるかもしれない。その場合には，労働者数自体は変化しなくても教育によって個々の労働者の能力が上昇することで，効率単位で測った労働が増加して経済成長率が上昇する可能性がある。

　労働者の健康改善のための健康投資も公共投資としてなされる可能性がある。たとえば，感染症や伝染病の予防など，外部不経済性を抑制する投資は個人では十分に供給されない可能性がある。この場合，公共投資という形でなされることで，労働者の労働効率を高めることができるかもしれない。

　また，公共支出を混雑が生じない限りでの育児サービスの公的供給とみなすことができれば，公的育児サービスの充実が出生率を上昇させて，労働者数自体を増加させることで効率的な労働が増加するかもしれない[13]。育児サービスは民間でも供給される可能性はあるが，情報の不完全性などが存在する場合には，たとえば保育所の設置基準の設定など公的なコントロールが必要となるし，場合によっては公的な育児サービスの供給が効率的である場合がありうる。

　このように，公共投資支出は必ずしも物的な資本の形だけではなく，様々な経路を通じて経済成長や経済活動水準に影響を与える可能性がある。

13　実際に成長率に影響を与えうるかどうかは様々な条件に依存するので，必ずしもここで述べた形で効果があるかどうかは厳密な検討が必要である。

> **◎ Point11.1**
> 公共資本形成は社会的便益をもたらすとしても，資源費用（機会費用）を適切に斟酌して純便益を計算してなされるべきである。

■ 11.7　生活基盤公共投資

　最後に生活基盤公共投資について簡単に触れておく。産業基盤公共資本の便益が生産物の増大（公共資本の限界生産物）で与えられたのに対し，生活基盤公共資本の便益は経済全体の個人の効用の増大（限界効用の和）で与えられる。最適な生活基盤公共投資の議論は，産業基盤資本の限界生産物を限界効用（の和）に読み替えるだけで，基本的には同様に進めることができる。

　しかし，財・サービスで表される産業基盤資本の便益と違い，効用の大きさで与えられる生活基盤資本の便益を貨幣単位（あるいは財・サービスの単位）に換算する必要がある。公共財の議論で生じた便益の測定の問題および真の便益の把握の困難さの問題が生じる可能性があることに注視する必要がある。

■ 補論　２期間一般均衡モデルの定式化

　２期間一般均衡モデルは以下のように記述される。民間部門の現在および将来の予算制約は，それぞれ

$$w = c_1 + s \quad \text{および} \quad (1+r)s + \pi - a = c_2$$

と表される。ここで π は将来における民間生産からの利潤分配であり，a は一括税である。予算制約の下での効用最大化の一階の条件は $MRS = 1+r$ で与えられる。民間企業の利潤は $f(k,g) - (1+r)k$ であり，利潤最大化の一階の条件は $f_k(k,g) = 1+r$ である。最大化された利潤は $\pi = f(k,g) - (1+r)k$ となる。

資本市場の均衡条件は $s = k+b$ で与えられる。政府の現在と将来の予算制約はそれぞれ $b = g$ および $a = (1+r)b$ と書くことができる。政府は現在と将来の予算制約の下で効用水準を最大化するように公共投資 $g(=b)$ の水準を選択する。上記の消費と民間の生産における最適条件および資本市場の均衡が満たされるように資本市場で利子率が調整される。

ネットの資本収益に課税される場合の民間企業の利潤は $(1-\tau)[f(k,g) - k] - rk$ となる。このとき利潤最大化条件は $(1-\tau)[f_k(k,g) - 1] - r = 0$ で与えられる。また，政府の将来の予算制約は $\tau[f(k,g) - k] + a = (1+r)b$ となる。

参考文献

Aschauer, D.A.（1989）Is public expenditure productive? *Journal of Monetary Economics*, **23**(2), 177–200.

岩本康志（1990）「日本の公共投資政策の評価について」『経済研究』**41**(3), 250–261.

Barro, R.J.（1990）Government spending in a simple model of endogenous growth, *Journal of Political Economy*, **98**(5), 103–126.

Futagami, K., Morita, Y., and Shibata, A.（1993）Dynamic analysis of an endogenous growth model with public capital, *Scandinavian Journal of Economics*, **95**(4), 607–625.

◆ 練 習 問 題

1. 3節のモデルにおいて，考慮している経済が小国であり，資本の国債移動が自由であるとする。このとき民間資本の収益率が世界利子率に等しくなるように民間資本が国際的に移動する。公共投資償還のためにネットの資本収益に税が課される場合の適切な公共投資の割引率はどのようなものとなるか。公共資本と民間資本の間に技術的代替・補完関係がないものと仮定する。

2. 以下に挙げる2つのプロジェクト（a）および（b）が投資可能であると仮定する。
   - （a）初期（0年）費用が260億円で，2年目のみ286.65億円の収益をもたらすプロジェクト
   - （b）初期（0年）費用が240億円で，1年目のみ254.4億円の収益を生じるプロジェクト

   このとき，以下の問いに答えなさい。

(1) 市場利子率が4％であると仮定して，それぞれのプロジェクトの便益の割引現在価値を求めよ（小数点以下2桁まで）。初期時点で2つのプロジェクトのネットの便益（便益の割引現在価値－初期費用）はいずれのプロジェクトが大きいか。また，それら2つのプロジェクトは実施するに値するプロジェクトといえるか。

(2) 各期に生じる便益を現在時点に割り引いて得られる便益の割引現在価値合計がそのプロジェクトの費用と等しくなるような割引率を内部収益率という。費用便益分析の内部収益率法では，内部収益率の高いプロジェクトを優先すべきとされる。いずれか一方のプロジェクトしか実施できないと仮定したとき，2つのうちいずれが優先されるべきかを答えなさい。

第 12 章

社会的選択

■ **Introduction**

現実に行われている政策は，国民の選好を反映しているはずである。しかし，国民一人ひとりの選好には個人差があるから，すべての国民が望ましいと思う政策を採用するのは不可能である。本章では，個人の選好に差異があるとき，どのようなプロセスを経て政策が採用されるのかを考える。1節では，個人の選好と社会的選好の関係を明らかにする。また，政治的な均衡としてよく使われる中位投票者定理の意味を説明する。2節では，複数の政策を同時に決めるときの問題点を明らかにする。3節では，複数の政策決定に関する均衡概念である構造誘導均衡の内容を説明する。4節では，投票行動の気まぐれさに注目した確率的投票均衡を紹介する。

■ 12.1　個人の選好と社会的選択

L, M, H という3つの政策候補があるとする。消費税改革であれば，L は税率を下げる政策，H は税率を上げる政策，M は現状維持という意味である。年金改革であれば，順に，給付を減らす政策，増やす政策，現状維持という意味である。本節では，政策が1つのケースを考える。複数の政策を同時に決めるケースは次節で説明する。

表 12-1 は，3つの政策に対する個人の選好順序をまとめたものである。個人は，4つのタイプ a, b, c, d に分類できるとする。タイプ a は，消費税で

表 12-1 　選 好 順 序

個人のタイプ ＼ 政 策	L	M	H
a	1	2	3
b	2	1	3
c	3	1	2
d	3	2	1

いうと，税率は低ければ低いほど良いと考えている。選好順序を表す記号
（≻）を用いると，$L \succ M \succ H$ と表記される。簡単化のため，順序を数字で
表現している。

　タイプ d の人々は，税率は高ければ高いほど良いと考えている。タイプ b
は，現状維持派であるが，税率を上げるくらいなら下げて欲しいと考えて
いる。タイプ c も現状維持派であるが，タイプ b と違って，税率を下げるく
らいなら上げて欲しいと考えている。

　どの政策が政治的に支持されるかは，各タイプの人数に依存する。仮に，
各タイプの人数が1で同じだとすると，現状維持 M が採用される。直観的
に説明しやすいのは，投票である。各個人が L, M, H のいずれか1つを投票
用紙に記入して投票すると，M は2票，L, H は1票となり，多数決により
M が選択される。投票ルールは1つとは限らない。しかし，社会的選好を
反映したものが多数決ルールだとすると，社会的選択は現状維持 M だと考
えるのが自然だろう。

● ペアで考える

　3つの政策を同時に考えるのは分かりやすい反面，問題もある。選好順序
とは本来，2つの政策を比較して順序づけしたものである。したがって，よ
り一般的な問題を考えようとすると，すべての政策を同時に考えるのは，分
析上不都合が生じる。以下では，2つの政策を取り出して比較した結果，現

12.1　個人の選好と社会的選好 ● 211

状維持 M が選ばれることを示す。

　まず，政策のペア (L,M) で投票を行うとする。タイプ a は L に投票し，タイプ b,c,d は M に投票する。したがって，社会的選好は，$M > L$ である。

　次に，ペア (M,H) で投票すると，M が 3 票，H が 1 票なので，$M > H$ である。最後に，ペア (L,H) のときは，L が 2 票，H が 2 票なので，$L \sim H$ である。記号 $\sim$ は，順位が同じ（無差別）であることを意味している。

　以上の結果をまとめると，現状維持 M は，他の政策に負けないという意味で，社会的に選択される。1 対 1 の対決で負けない者を<u>コンドルセ勝者</u>という。

● コンドルセ勝者

　次に，グループの人数が異なるケースを考えよう。表 12-2 は，各グループの人数を表している。便宜上，全体の人数を 5 人とする。Case 1 は，グループ a が過半数を占めるケース，Case 2 は，消費税の減税派が多いが，どのグループも過半数を占めないケース，Case 3 は，消費税の増税派が多いが，どのグループも過半数を占めないケースを意味している。

　Case 1 の帰結は明白である。減税派のグループ a が多数派を占めているので，多数決ルールの下で彼らの選好が政策に反映される。社会的選択は L である。

　Case 2 は多数派がいないため，どの政策がコンドルセ勝者となるのかを調べる必要がある。ペア (L,M) では L が 2 票，M が 3 票なので，$M > L$ である。ペア (M,H) では，$M > H$，ペア (L,H) では $L > H$ である。したがって，コンドルセ勝者は現状維持 M である。

　Case 3 についても同じ手続きを行うと，ペア (L,M) では $M > L$，ペア (M,H) では $M > H$，ペア (L,H) では $H > L$ が得られる。コンドルセ勝者は M である。

　Case 2 で，政策決定に重要な役割を果たすのはグループ b である。特定のグループが過半数を構成できないとき，多数派の近くに位置するグループの

表12-2 グループの人数

グループ	Case 1	Case 2	Case 3
a	3	2	0
b	1	2	1
c	1	1	2
d	0	0	2
計	5	5	5

選好が政治的に支持される。Case 3 では，グループ c の選好が政治的に支持される。特定の政党の議員だけでは過半数を構成できないとき，政策的に近い政党に声をかけて連立政権が形成される。連立政権では少数与党の政策が反映されやすい。その理由は，彼らがコンドルセ勝者の鍵を握っているからである。

● 中位投票者定理

政治的な均衡を考えるときによく使われるのは，中位投票者定理（median voter theorem）である。その意味を，表 12-2 の Case 2 を用いて説明しよう。グループ b の2人の選好順序は $M \succ L \succ H$ である。しかし，順序づけの理由が2人とも同じであるとは限らない。この点を説明するために，政策変数を3択から連続的な数に拡張する。さらに，各個人は，自分にとってもっとも望ましい政策があり，その政策から遠ければ遠いほど効用が下がると仮定する。単峰性という。

図 12-1 は，グループ b のうちの1人の選好を図示したものである。b_1 が彼の最適政策を表している。現状維持 M は彼にとって最適ではないが，b_1 にもっとも近いので1位に順序づけされる。図から，彼の選好順序は，$M \succ L \succ H$ となることが分かる。

図 12-2 は，グループ a の2人，グループ b の2人，グループ c の1人の最適政策を一列に並べたものである。次に，数直線上に政策 P をとり，この点を少しだけ左に移動するような制度改革が受け入れられるかどうかを考え

12.1 個人の選好と社会的選好 ● 213

図 12-1 単峰性

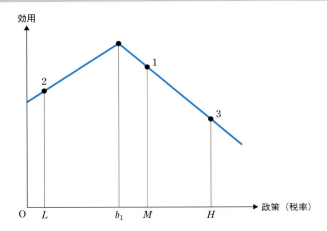

図 12-2 中位投票者定理

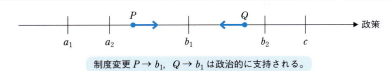

制度変更 $P \to b_1$, $Q \to b_1$ は政治的に支持される。

よう。グループ a の2人は，自分の最適政策に近づくので賛成する。他方，右の3人は最適政策から遠くなるので反対する。したがって，政策 P を左に移動する改革は政治的に支持されない。同じように考えると，政策 P を少しだけ右に移動する改革は，賛成3，反対2で政治的に支持される。図の政策 Q では，少しだけ左に移動する改革が政治的に支持される。

　数直線上のすべての政策について，上述の制度改革を考えたとき，右への移動も左への移動も政治的に支持されないのは点 b_1 だけであることが分かる。つまり，投票者の最適政策を一列に並べたとき，中位に位置する人（中位投票者）の最適政策が政治的に支持される。また，移動が支持されないという意味で，均衡は安定的である。

中位投票者定理が成立するための前提条件は，選好の単峰性である。峰が複数あるような個人がいるときはコンドルセ勝者が存在しないことがあり，投票のパラドクスとよばれている[1]。

■ 12.2　2つの政策

2005 年，小泉内閣は，郵政民営化関連法案が参議院で否決されたのを受け，衆議院を解散した。総選挙での争点は郵政民営化に絞られ，与党が圧勝した。争点（論点）が1つに絞られると有権者にも分かりやすい。与党の勝因の1つは，郵政民営化是か非かという単純な構造にしたという選挙戦略にある。

2つの政策を同時に考えるとどのような問題が生じるのだろうか[2]。前節同様，個々の政策に対する個人の選好は単峰性を満たしているとする。

図 12-3 は，2つの政策 (x, y) を座標平面上で表したものである。例として，x を消費税率，y を年金給付額としよう。右にいくほど消費税率が高く，上にいくほど年金給付額が大きいことを意味する。いま，3 人の個人 a, b, c がいて，各個人の最適政策が点 A, B, C で与えられるとする。単峰性が満たされれば，最適点から離れるほど効用が低下する。図の円は，効用水準が同じである政策の軌跡を表す無差別曲線である。

平面上に任意の点 P をとり，点 P がコンドルセ勝者かどうかをチェックする。点 P を通る3本の無差別曲線を引いて考えると，図の点 P はコンドルセ勝者ではないことが分かる。その理由はこうである。水色部分の領域内に点 Q を取る。移動 $P \to Q$ という政策変更に対して，個人 a, b は賛成し，個人 c は反対する。したがって，社会的選好は $Q \succ P$ となり，点 P はコンド

1　章末の補論を参照。
2　詳しくは，小西（2009）を参照。

図 12-3　2 つの政策

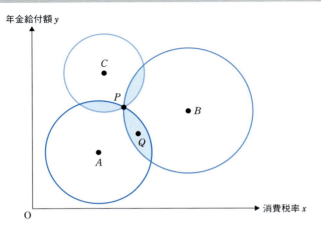

図 12-4　2 つの政策におけるコンドルセ勝者

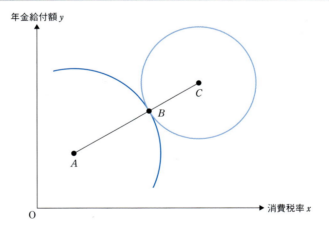

ルセ勝者ではない。

　コンドルセ勝者が存在する一例は，図 12-4 のように，3 つの点 A, B, C が同一直線状にあるケースである。図では個人 b の最適政策である B がコンドルセ勝者になる。点 B から点 A に近づく変更は個人 b, c が反対し，点 C に

近づく変更は個人 a, b が反対する。また，図の 2 つの円の外部への変更は 3 人全員が反対するからである。ただし，2 本の無差別曲線が円ではなく，点 B で交わっている場合はこの限りではない。また，すべての個人の最適政策が同一直線上にあるという条件はきわめて限定的であるから，別の均衡概念が必要である。

■ 12.3　構造誘導均衡

2 つの政策に関して政党が競争するときの均衡概念の一つに，構造誘導均衡（structure-induced equilibrium）がある[3]。アイディアはこうである。年金給付額を $y = \bar{y}$ で固定する。政策は消費税だけに限られるので，中位投票者定理により，均衡税率 x^* が決まる。次に，$\bar{y}$ の値を変えて，同じようにして均衡税率を求める。この手続きをすべての $\bar{y}$ について考えると，均衡税率 x^* は $\bar{y}$ の関数 $x^* = x(\bar{y})$ となる。

● 反 応 曲 線

図 12-5 は，上のアイディアを図示したものである。3 点 A, B, C は個人 a, b, c の最適政策を表す。年金給付額を $y = \bar{y}$ で固定するというのは，図の線分 l 上の政策に限定するという意味である。線分 l 上での個人 a の最適政策は L，個人 b は M，個人 c は R であり，コンドルセ勝者は M である。

次に，$\bar{y}$ の値を大きくすると，線分 l が上にシフトする。これに反応して，新たな最適政策 L', M', R' が得られる。仮に，M' が中位者であれば，M' がコンドルセ勝者である。各線分におけるコンドルセ勝者の軌跡の式が，$x^* = x(\bar{y})$ である。別の政策に対応して（反応して）政策が決まるので，$x^* = x(\bar{y})$

3　Shepsle（1979），Shepsle and Weingast（1981）を参照。

図 12-5 反応曲線

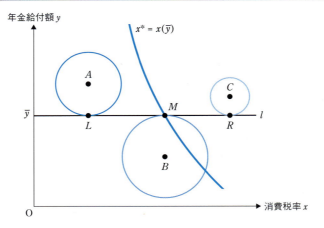

のグラフを**反応曲線**という。

● 構造誘導均衡

次に，視点を変えて，消費税率を $x=\bar{x}$ で固定し，年金給付額だけを考える。中位投票者定理を用いて均衡給付額 y^* が決まる。この操作をすべての $\bar{x}$ について行うと，年金給付額の反応関数 $y^*=y(\bar{x})$ が求められる。

このようにして得られた 2 つの反応曲線 $x^*=x(y), y^*=y(x)$ の交点が構造誘導均衡である。

図 12-6 の点 E が均衡を表している。反応曲線の作り方から明らかなように，点 E を通る水平線上の任意の点 P について，$E \succsim P$ が成り立つ。また，点 E を通る垂直線上の任意の点 Q について，$E \succsim Q$ が成り立つ。均衡の存在や一意性についてはここでは触れないが，直観的に分かりやすいので応用範囲の広い均衡概念であるといえる。

図12-6 構造誘導均衡

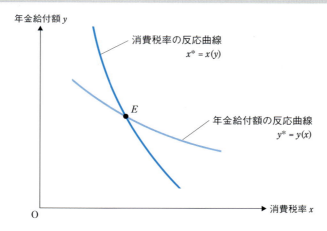

12.4 確率的投票均衡

　最後に，**確率的投票均衡**（probabilistic voting equilibrium）を紹介する[4]。各個人にとって最適な政策はあるかもしれないが，いざ投票というときには政策以外のバイアスが生じる可能性がある。分かりやすい例は，**棄権**である。自分が投票にいかなくてもたぶん自分の最適政策に近い政策が行われるだろう，投票してもどうせ私の望む政策は行われないだろう，と考える有権者は，投票のコストがどんなに小さくても，投票にいかないかもしれない。他の例は，**浮動票**である。政党が，有権者が望むであろう政策を立案し，公約に盛り込んだとしても，目論見通りに投票してくれるかどうかは不確実である。投票行動は**気まぐれ**であるというのが，確率的投票均衡のアイディアである。

---

[4] 詳しくは，Persson and Tabellini（2000）を参照。

図 12-7 引退世代の最適政策

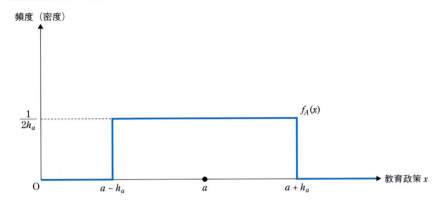

　属性の異なる2つの有権者グループがあるとする。たとえば，引退世代をグループA，労働世代をグループBとする。グループのサイズは同じであるとする。次に，2つの政党があり，教育政策を争点に選挙を戦うとしよう。引退世代は，子や孫への利他心がなければ，直接的な恩恵はないので小規模の教育政策を望む。他方，労働世代は大規模の教育政策を望むとしよう。

　図 12-7 は，引退世代の望む政策を図示したものである。横軸は教育政策の規模を，縦軸は頻度（密度）を表す。図の点aは，本来の引退世代の最適政策を表している。これに，何らかの不確定要素を追加する。$h_a > 0$ は，投票の気まぐれさを表す定数であり，区間 $[a - h_a, a + h_a]$ の範囲で，個人の最適政策が異なると仮定する。たとえば，個人 $x < a$ は，政策以外の要因で小規模の教育政策を望む。個人 $x > a$ は逆に，大規模の教育政策を望む。人口サイズを1とし，一様分布を仮定すると，頻度を表す長方形の高さは $1/(2h_a)$ となる。引退世代の密度関数 $f_A(x)$ は次式で与えられる。

$$f_A(x) = \begin{cases} \dfrac{1}{2h_a} & x \in [a - h_a, a + h_a] \\ 0 & \text{otherwise} \end{cases} \tag{12.1}$$

図 12-8 引退世代の分布関数

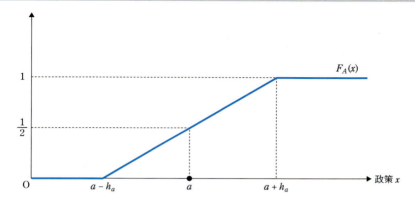

　ある政策 x が与えられたとき，x 以下の政策を望む人たちの割合を**分布関数**といい，$F_A(x)$ で表記する。分布関数は，区間 $(-\infty, x]$ における密度関数 $f_A(x)$ のグラフの下側の面積で表せる。たとえば，$x \in [a-h_a, a+h_a]$ のときは，長方形の面積から，

$$F_A(x) = \frac{1}{2h^a}[x-(a-h_a)]$$

となる。場合分けをすると，引退世代の分布関数は，

$$F_A(x) = \begin{cases} 0 & x \leq a-h_a \\ \dfrac{1}{2h_a}[x-(a-h_a)] & \text{if} \quad a-h_a \leq x \leq a+h_a \\ 1 & a+h_a \leq x \end{cases} \quad (12.2)$$

となる。

　図 12-8 は，(12.2) 式を図示したものである。分布関数のグラフは，右上がりの線分と 2 本の半直線からなり，点 $(a, 1/2)$ に関して対称である。h_a の値が大きくなると，線分の区間が広がり，傾きが緩やかになる。

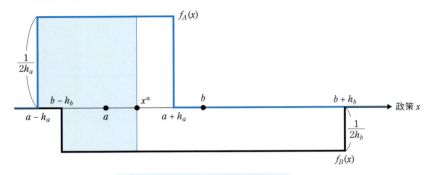

図12-9 確率的投票均衡

水色部分の面積 = 1 となる x^* が均衡。

図12-9は，引退世代の密度関数 $f_A(x)$ と労働世代の密度関数 $f_B(x)$ のグラフを重ねたものである。労働世代の本来の最適政策は引退世代よりも右にある ($a<b$)。$h_b>0$ は労働世代の気まぐれさを表す定数である。以下では，2つの密度関数が重複していると仮定する ($b-h_b<a+h_a \Leftrightarrow b-a<h_a+h_b$)[5]。このとき，ある政策 x^* に対して，政策 $x \leqq x^*$ を支持する人数と，政策 $x \geqq x^*$ を支持する人数が同じになるような x^* がただ1つ存在する。具体的には，有権者の総数が2であることから，

$$\frac{1}{2h_a}[x^*-(a-h_a)] + \frac{1}{2h_b}[x^*-(b-h_b)] = 1$$

を解くことにより，

$$x^* = \frac{h_b}{h_a+h_b}a + \frac{h_a}{h_a+h_b}b \tag{12.3}$$

が得られる。点 x^* は，2点 a, b を両端とする線分を $h_a:h_b$ に内分する点で

---

5 重複していない場合は，空白区間 $[a+h_a, b-h_b]$ にある政策が均衡となることを確かめよ。

ある。

　次に，政党の目線で考えてみよう。ライバルが，x^* より大きい政策を選択したとしよう。このとき，自党は x^* を選択することにより，期待値で見て，過半数の票を得ることができる。ライバルが x^* より小さい政策を選択したときも同じである。したがって，均衡では，どちらの政党も x^* を選択する。確率的投票均衡は x^* である。

　仮に，労働世代の方が引退世代よりも気まぐれであるとしよう $(h_a < h_b)$。内分点であることを利用すると，x^* は b よりも a に近いことが分かる。つまり，引退世代が本来望んでいる政策に近い政策が実現する。政党は，労働世代のことを考えていないわけではないが，彼らの望む政策を提示しても得票につながらないのではと考えるからである。結果的に，選好が政策に反映されないという意味で，労働世代の政治力が弱くなる。引退世代の政治力が大きくなるのは，h_a が小さいとき，h_b が大きいときである。したがって，引退世代の労働世代に対する相対的な政治力は，h_b/h_a で与えられる。

　確率的投票モデルの面白いところは，投票行動の気まぐれさや政治力といった数値化，定式化しにくい要素を取り入れている点である。また，少子高齢化という人口構成の変化が，均衡政策にどのような影響を与えるのかといった現実的な問題を定量的に分析することができる[6]。その意味で，応用範囲の広い均衡概念であるといえよう。

■ 補論　投票のパラドクス

　投票のパラドクスの代表例は，じゃんけん構造である。表 12-3 は，a,b,c の 3 人の選好を表している。個人 a,b は単峰性を満たすが，個人 c は峰が 2

6　章末の練習問題を参照。

補論　投票のパラドクス　● 223

表 12-3　選好順序

	L	M	H
a	1	2	3
b	3	1	2
c	2	3	1

つあり，単峰性を満たさない。

　ペア (L,M) の勝者は L，ペア (M,H) の勝者は M である。この 2 つだけ見ると，L がコンドルセ勝者のように思える。しかし，ペア (L,H) の勝者は H なので，コンドルセ勝者は存在しない。$L > M > H > L > \cdots$ というじゃんけんのような構造になっていることが分かる。

参考文献

小西秀樹（2009）『公共選択の経済分析』東京大学出版会

Persson, T., and Tabellini, G.（2000）*Political Economics*, MIT Press.

Shepsle, K.A.（1979）Institutional arrangements and equilibrium in multidimensional voting models, *American Journal of Political Science*, **23**(1), 27–59.

Shepsle, K. A., and Weingast, B. R.（1981）Structure-induced equilibrium and legislative choice, *Public Choice*, **37**(3), 503–519.

◆ 練習問題

1. 3つの政策 L, M, H についての有権者の選好順序が，次の a, b, c の3タイプに分類できるとする。数字が小さいほど望ましいことを意味する。たとえば，グループ a の選好順序は，$L \succ M \succ H$ である。

	L	M	H
a	1	2	3
b	2	1	3
c	3	2	1

このとき，以下の問いに答えよ。

(1) グループ a とグループ c の人数が同じであるとき，M がコンドルセ勝者となることを示せ。

(2) グループ a が10人，グループ c が20人のとき，コンドルセ勝者を求めよ。

2. 3人の有権者，2つの政策について考える。下図の点 A, B, C は，各有権者がもっとも望ましいと思う政策の組合せを表している。選好は単峰性を満たし，かつ無差別曲線が同心円を描くとする。このとき，構造誘導均衡 E を図中に図示せよ。

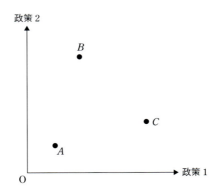

3. 密度関数を，

$$f(x) = \begin{cases} \dfrac{1}{4}(x-2) & 2 \leqq x \leqq 4 \\[2mm] -\dfrac{1}{4}(x-6) & 4 \leqq x \leqq 6 \\[2mm] 0 & \text{otherwise} \end{cases}$$

とする。

(1) 平面 (x,y) 上に，$y = f(x)$ のグラフを描け。

(2) 分布関数は，

$$F(x) = \int_{-\infty}^{x} f(t)\, dt$$

で与えられる。区間 $(-\infty, x]$ における，$y = f(t)$ のグラフの下側の面積を表す。

　分布関数の式を求めよ。また，平面 (x, p) 上に，$p = F(x)$ のグラフを描け。

4. 本文の確率的投票均衡のモデルで，グループサイズが異なるとする。引退世代の人口を 1，労働世代の人口を $n > 0$ とする。労働世代の頻度（密度）は，$n/(2h_b)$ である。

(1) 均衡政策 x^* を，a, b, h_a, h_b, n を用いて表せ。

(2) 少子高齢化により n が減少したとする。均衡政策 x^* はどのように変化するか。

第 **13** 章

地 方 財 政

■ **Introduction**

　第 1 章で見たように，日本の地方政府は，財政，機能の両面において，公共部門の主要な役割を担っている。本章では，地方政府の現状を概観したのち，地方分権に関わる経済理論を紹介する。1 節では，平成の合併を取り上げる。2 節では，地方分権推進の論拠となる分権化定理を説明する。3 節では，合併や広域連合の論拠となる地方公共財の理論を説明する。4 節では，地方政府間の水平的競争から生じる問題を，5 節では，地方政府と中央政府という垂直的関係から生じる問題を明らかにする。最後の 6 節では，道州制に関わる経済理論を紹介する。

■ 13.1　地方公共団体

　日本の地方公共団体は，普通地方公共団体と特別地方公共団体に分類される（地方自治法）。普通地方公共団体は，都道府県と市町村からなる。特別地方公共団体は，東京 23 区の特別区や地方公共団体の組合である一部事務組合や広域連合などからなる。

　表 13-1 は，都道府県別の市町村数の一覧である。1998（平成 10）年は全国で約 3,200 あった自治体が，2018（平成 30）年には約 1,700 に減少している。平成の（大）合併とよばれる。町村の減少が目立つが，それ以上に地域差が著しい。自治体の合併は，行政の効率化により地方財政の改善に貢献す

表 13-1　市町村数（都道府県別）

2018（平成 30）年 10 月現在（カッコは 1998（平成 10）年 10 月）

	市		町		村		計		減少率
全 国	792	(670)	743	(1994)	183	(568)	1718	(3232)	47%
北海道	35	(34)	129	(154)	15	(24)	179	(212)	16%
青森	10	(8)	22	(34)	8	(25)	40	(67)	40%
岩手	14	(13)	15	(30)	4	(16)	33	(59)	44%
宮城	14	(10)	20	(59)	1	(2)	35	(71)	51%
秋田	13	(9)	9	(50)	3	(10)	25	(69)	64%
山形	13	(13)	19	(27)	3	(4)	35	(44)	20%
福島	13	(10)	31	(52)	15	(28)	59	(90)	34%
茨城	32	(20)	10	(48)	2	(17)	44	(85)	48%
栃木	14	(12)	11	(35)	0	(2)	25	(49)	49%
群馬	12	(11)	15	(33)	8	(26)	35	(70)	50%
埼玉	40	(43)	22	(38)	1	(11)	63	(92)	32%
千葉	37	(31)	16	(44)	1	(5)	54	(80)	33%
東京	26	(27)	5	(5)	8	(8)	39	(40)	3%
神奈川	19	(19)	13	(17)	1	(1)	33	(37)	11%
新潟	20	(20)	6	(57)	4	(35)	30	(112)	73%
富山	10	(9)	4	(18)	1	(8)	15	(35)	57%
石川	11	(8)	8	(27)	0	(6)	19	(41)	54%
福井	9	(7)	8	(22)	0	(6)	17	(35)	51%
山梨	13	(7)	8	(37)	6	(20)	27	(64)	58%
長野	19	(17)	23	(36)	35	(67)	77	(120)	36%
岐阜	21	(14)	19	(55)	2	(30)	42	(99)	58%
静岡	23	(21)	12	(49)	0	(4)	35	(74)	53%
愛知	38	(31)	14	(47)	2	(10)	54	(88)	39%
三重	14	(13)	15	(47)	0	(9)	29	(69)	58%
滋賀	13	(7)	6	(42)	0	(1)	19	(50)	62%
京都	15	(12)	10	(31)	1	(1)	26	(44)	41%
大阪	33	(33)	9	(10)	1	(1)	43	(44)	2%
兵庫	29	(21)	12	(70)	0	0	41	(91)	55%
奈良	12	(10)	15	(20)	12	(17)	39	(47)	17%
和歌山	9	(7)	20	(36)	1	(7)	30	(50)	40%
鳥取	4	(4)	14	(31)	1	(4)	19	(39)	51%
島根	8	(8)	10	(41)	1	(10)	19	(59)	68%
岡山	15	(10)	10	(56)	2	(12)	27	(78)	65%
広島	14	(13)	9	(67)	0	(6)	23	(86)	73%
山口	13	(14)	6	(37)	0	(5)	19	(56)	66%
徳島	8	(4)	15	(38)	1	(8)	24	(50)	52%
香川	8	(5)	9	(38)	0	0	17	(43)	60%
愛媛	11	(12)	9	(44)	0	(14)	20	(70)	71%
高知	11	(9)	17	(25)	6	(19)	34	(53)	36%
福岡	29	(24)	29	(65)	2	(8)	60	(97)	38%
佐賀	10	(7)	10	(37)	0	(5)	20	(49)	59%
長崎	13	(8)	8	(70)	0	(1)	21	(79)	73%
熊本	14	(11)	23	(62)	8	(21)	45	(94)	52%
大分	14	(11)	3	(36)	1	(11)	18	(58)	69%
宮崎	9	(9)	14	(28)	3	(7)	26	(44)	41%
鹿児島	19	(14)	20	(73)	4	(9)	43	(96)	55%
沖縄	11	(10)	11	(16)	19	(27)	41	(53)	23%

注：市数に政令指定都市を含む。特別区は含まない。
出所：総務省

る。他方，地域の文化的，歴史的多様性を低下させるとともに，地域内格差を悪化させる可能性がある。また，住民によっては行政や病院などの公共施設へのアクセスが悪くなり，公共サービスの質が低下するという弊害もある。合併に関する地域差は，こうした合併の功罪を各自治体が主体的に吟味した結果であるといえよう。

■ 13.2 分権化定理

国防や法制度など，すべての国民に便益を与える公共財と区別して，地域の限られた範囲に便益を与える公共財のことを地方公共財という。地方公共財の例としては，市町村道や県道などの生活道路，水道事業，都道府県知事が指定する二級河川などがある。

地方公共財の供給水準は，便益を受ける地域住民の選好を反映する形で決めるのが望ましい。住民の選好を知らない，あるいは住民の選好に関心がない中央政府が決めようとすると非効率が生じる。分権化定理という。

分権化定理を図を用いて説明しよう。図 13-1 の横軸は，地方公共財の供給量を表す。右下がりの曲線 MB_1 は，地域 1 の公共財の限界便益を，MB_2 は地域 2 の限界便益を表している。限界便益が異なるのは，地域によって地方公共財に対する選好が異なることを反映している。公共財生産の限界費用は地域に関わらず一定であると仮定すると，限界費用曲線 MC は水平線で表される。図の $a \sim f$ は領域の面積を表している。

地域 1 の地方公共財の最適水準は g_1^* である。公共財がない状態では，1 単位の公共財を供給することで MB_1 の切片だけ便益が生じ，MC の切片だけ費用が生じる。切片を比較すると，$MB_1 > MC$ なので，この最初の 1 単位の公共財の純便益は正であり，供給するのが望ましい。次の 1 単位の公共財についても同じように考えていくと，$MB_1 > MC$ が成立する限り，公共財を追

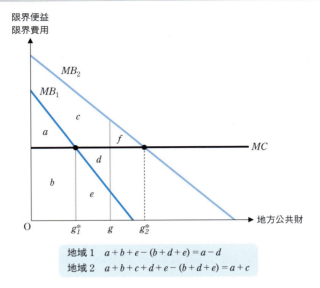

図 13-1　分権化定理

地域1　$a+b+e-(b+d+e)=a-d$
地域2　$a+b+c+d+e-(b+d+e)=a+c$

加生産するのが望ましいことが分かる。したがって，地域1にとっての最適な水準は，$MB_1=MC$ が成立する g_1^* である。公共財の便益は，曲線 MB_1 の下の面積 $(a+b)$ で表される。公共財生産の費用は b である。したがって，公共財の純便益は a である。

地域2についても同じように考えると，最適水準は g_2^* であり，純便益は $a+c+f$ となる。

次に，中央政府が地域の事情に関わりなく一律の水準 g（$g_1^* \leqq g \leqq g_2^*$）を設定し，生じる費用を各地域に負担させるという政策を行うとしよう。

地域1は，公共財の供給量が増えることで便益が増える。しかし，費用負担も増えるので純便益が減る。地域1の純便益は，$(a+b+e)-(b+d+e)=a-d$ である。最適水準と比べると，d だけ余剰が減ることが分かる。

地域2では，費用負担は減るものの，公共財の供給量が減ることで純便益が減る。地域2の純便益は，$(a+b+c+d+e)-(b+d+e)=a+c$ である。最

適水準と比べると，f だけ余剰が減ることが分かる。

以上の結果から，地方公共財を供給する主体は，地方公共財に対する住民の選好を知っているものが望ましい。情報面で地方政府が中央政府より優位であるならば，地方公共財を供給する権限を地方政府に譲るべきである。

■ 13.3　スピルオーバー効果

地方公共財の理論の一つに，スピルオーバー効果がある。行政の線引きと経済の線引きは一致しているとは限らない。モノが県境を越えて移動するとき，他地域の道路が整備されると自地域の経済活動にプラスの効果を与える。逆に，自地域の道路整備は，他地域の経済活動にプラスの効果を与える。各地方政府がこうした波及効果を考慮しないとき，地方公共財の供給は最適水準に比べて過少になる。

対称な 2 地域 $i=1,2$ を考えよう。地域 1 の住民の効用関数を，

$$u_1 = u(g_1) + \varepsilon u(g_2) - c_1 g_1 \tag{13.1}$$

とする。g_i は，地域 i の地方政府が供給する地方公共財を表す。$c_i > 0$ は，地域 i の住民が負担する公共財生産の限界費用を表す定数，$\varepsilon \geqq 0$ は，他地域の公共財のスピルオーバー効果の大きさを表す定数である。

スピルオーバー効果を考慮しないとき，自地域の公共財の供給水準は，$\partial u_1 / \partial g_1 = 0$ を解いて，

$$u'(g_1^o) = c_1 \tag{13.2}$$

で与えられる。上付きの o は，スピルオーバー効果を考慮しないときの変数であることを表す。

同じように，地域 2 の住民の効用関数を，

$$u_2 = u(g_2) + \varepsilon u(g_1) - c_2 g_2 \tag{13.3}$$

とすると，地域2の公共財の供給水準は，

$$u'(g_2^o) = c_2 \tag{13.4}$$

で与えられる。

● 市町村合併，広域連合

（13.2），（13.4）式で決まる地方公共財の供給水準は，最適水準とくらべ過少になる。この点を明らかにするために，2地域が合併したケースを考えよう。あるいは，水道事業のように，特定の行政サービスに関して共同で運用する広域連合を想定してもよい。

住民の人口サイズが同じであるとすると，合併後の住民の効用関数は，

$$u_1 + u_2 = (1+\varepsilon)u(g_1) + (1+\varepsilon)u(g_2) - c_1 g_1 - c_2 g_2 \tag{13.5}$$

で与えられる。

公共財の供給水準は，

$$u'(g_i^*) = \frac{c_i}{1+\varepsilon} \tag{13.6}$$

で与えられる。上付きの＊は，スピルオーバー効果を考慮するときの変数であることを表す。この式を，（13.2），（13.4）式と比較すると，スピルオーバー効果があるとき（$\varepsilon > 0$），$g_i^* > g_i^o$ が成り立つことが分かる。

● ピグー補助金

スピルオーバー効果とは，第8章で分析した外部性である。外部経済効果の是正策としては，上記のような合併による内部化の他に，ピグー補助金が知られている。中央政府が，各地方政府に対し，公共財生産に補助金を出し，

232 ● 第13章 地方財政

その財源を一括税で徴収するという課税補助金政策を行うとしよう。補助金の使途を特定化しているので，国庫支出金に対応する。

地域1の住民の効用関数は，

$$u_1 = u(g_1) + \varepsilon u(g_2) - (1-t_1)c_1 g_1 - T_1 \tag{13.7}$$

と修正される。t_1 は補助率を表し，T_1 は一括税を表している。

地方政府1は，地方政府2の公共財 g_2 と中央政府の政策 (t_1, T_1) を所与として，公共財 g_1 の供給水準を決定する。供給水準は，

$$u'(g_1) = (1-t_1)c_1 \tag{13.8}$$

で与えられる。補助率 t_1 が高いほど地方公共財の価格が下がるので，g_1 が大きくなる。

中央政府の目的は，均衡予算の下で，(13.6) 式を満たすような公共財の供給水準を達成することであるとしよう。(13.6) 式と (13.8) 式を比較すると，補助率を，

$$1-t_1^* = \frac{1}{1+\varepsilon} \quad \Leftrightarrow \quad t_1^* = \frac{\varepsilon}{1+\varepsilon} \tag{13.9}$$

と設定することで，最適供給量が達成できる。必要な財源は，

$$T_1^* = t_1^* c_1 g_1^* \tag{13.10}$$

である。(13.9) 式で補助率 t_1^* を決め，(13.8) 式で g_1^* を見積もり，(13.10) 式で一括税 T_1^* を決めることで，地域1の住民の経済厚生を最大にすることができる。地域2についても同様である。

中央政府の補助金政策について留意すべき点は，中央政府の情報収集能力である。モデルでは，中央政府は，スピルオーバー効果の大きさである ε や，住民の効用関数 $u(g_i)$ を知っていると仮定している。2節の分権化定理で述べたように，中央政府がこうした情報を正確に把握できない場合，最適な補

助金政策を行うことはできない。

■ 13.4 課 税 競 争

● 財政的外部効果

地方政府の水平的競争が非効率をもたらすことがある。財政的外部効果
(fiscal externality) という。日本の地方公共団体は，制度上，税制や地方債
に関する裁量の余地が少ない。しかし，近年のふるさと納税制度に見られる
ように，創意工夫によって自治体の財政を立て直そうとする動きも見られる。
地方政府間の財政上の競争は，課税競争 (tax competition) とよばれている。

表 13-2 は，2 つの地方政府の戦略と利得を表したものである。利得表と
いう。各地方政府は，減税するか，減税しないか（現状維持）のいずれかを
選択する。両政府の選択により，4 通りの利得の組合せが決まる。たとえば，
地方政府 1 が「減税」を選択し，地方政府 2 が「現状維持」を選択したとき，
地方政府 1 の利得は 120，地方政府 2 の利得は 60 である。両政府が「現状
維持」を選択した場合と比べると，地方政府 1 は利得が 20 増え，地方政府
2 は利得が 40 減る。その理由はこうである。減税対象が住民税であれば，
個人や法人が地域 2 から地域 1 に移動するかもしれない。減税対象が外形標
準課税であれば，本社を地域 2 から地域 1 に移転するかもしれない。このよ
うに，ヒトや資本を自地域に引きつけようと税率を下げることで自地域の利

表 13-2 課 税 競 争

		地方政府 2	
		減税する	現状維持
地方政府 1	減税する	80，　80	120，　60
	現状維持	60，120	100，100

234 ● 第 13 章　地 方 財 政

得が増え，他地域の利得が減る。

　地方政府がともに「減税」を選択したときの利得 80 は，ともに「現状維持」を選択したときの利得 100 を下回る。その理由はこうである。自地域で減税しても，他地域で減税すると，ヒトや資本の移動には影響しない。したがって，税率を下げた分税収が減り，利得が減少する。

● 囚人のジレンマ

　このゲームのナッシュ均衡は，（減税する，減税する）である。相手の戦略に対する最適反応を矢印を用いて表すと，地方政府 1 の最適戦略は，

地方政府 2 が減税を選択 → 減税する

現状維持を選択 → 減税する

である。つまり，相手の出方に関わらず減税するのが望ましい。地方政府 2 も同じなので，均衡は（減税する，減税する）である。両者にとってもっとも望ましい（現状維持，現状維持）は実現されない。このようなケースを，囚人のジレンマという。

■ 13.5　地方政府と中央政府

● 同時手番ゲーム

　次に，国と地方の関係から生じる財政上の問題を考えよう。表 13-3 は，中央政府と地方政府の戦略と利得を表している。地方政府の戦略は，財政再建の努力をするかしないかであり，中央政府の戦略は，地方政府の債務不履行（デフォルト）を回避するための救済をするかしないかである。たとえば，地方政府が「努力する」を選択し，中央政府が「救済しない」を選択したときの利得は，地方政府が 50，中央政府が 100 である。

表 13-3　地方政府と中央政府 (1)

		中央政府	
		救済する	救済しない
地方政府	努力する	100, 50	50, 100
	努力しない	80, 20	0, 0

　1行目の地方政府が努力するケースでは，地方政府と中央政府の利得の合計は，中央政府の戦略と関わりなく，150で一定である。ただし，中央政府の戦略は，両政府の所得分配に影響する。中央政府が救済（所得移転）を選択すると地方政府の利得が大きくなり，救済しないときは中央政府の利得が大きくなる。

　2行目の地方政府が努力しないケースでは，総利得，所得分配のいずれも中央政府の戦略に大きく依存する。中央政府が救済するときの総利得は100である。努力しない分，1行目の150には届かない。中央政府が救済しないを選択すると，デフォルトが発生し，両者の利得はともにゼロになる。

　<u>同時手番ゲーム</u>におけるナッシュ均衡は，（努力する，救済しない）である。理由はこうである。地方政府の最適戦略は，「救済するならば努力する。救済しないならば努力する」である。つまり，中央政府の選択に関わりなく，努力を選択する。中央政府の最適戦略は，「努力するならば救済しない。努力しないならば救済する」である。したがって，両者の最適戦略にマッチする戦略の組合せは，（努力する，救済しない）である。

● 逐次手番ゲーム

　上の例は，国と地方の力関係が拮抗していて，水平的な関係にあるときの帰結を表したものである。次に，地方分権が進み，中央政府よりも地方政府の方が戦略的に優位な立場にあるケースを考えよう。具体的には，地方政府を先導者（リーダー），中央政府を追随者（フォロワー）とする<u>逐次手番ゲーム</u>における均衡を調べる。同時手番ゲームとの違いは，フォロワーであ

表 13-4　地方政府と中央政府（2）

		中央政府			
		(H,H)	(H,N)	(N,H)	(N,N)
地方政府	努力する	100,　50	100,　50	50,　100	50,　100
	努力しない	80,　20	0,　0	80,　20	0,　0

る中央政府の戦略である。地方政府が「努力する」を選択した状況での中央
政府を G，「努力しない」を選択した状況での中央政府を B と表記しよう。
中央政府の戦略とは，単なる救済するしないではなく，中央政府 G の選択
と中央政府 B の選択のペアとして表現される。たとえば，中央政府 G が
「救済しない（N）」を選択し，中央政府 B が「救済する（H）」を選択する
とき，この戦略を (N,H) と表記することにする。中央政府の戦略は，
$(H,H), (H,N), (N,H), (N,N)$ の 4 通りである。

表 13-4 は，逐次手番ゲームにおける利得表である。1 行目は，地方政府
が「努力する」を選択したケースなので，中央政府 G の選択により利得が
確定する。たとえば，(H,N) 戦略では中央政府 G は救済するので，地方政
府の利得は 100，中央政府の利得は 50 となる。(N,H) 戦略では中央政府 G
は救済しないので，地方政府の利得は 50，中央政府の利得は 100 となる。

利得表の 2 行目は，地方政府が努力しないケースなので，中央政府 B の
選択により利得が決まる。たとえば，(H,N) 戦略では中央政府 B は救済し
ないので，地方政府，中央政府の利得はともにゼロになる。

逐次手番ゲームにおけるナッシュ均衡は，（努力する，(N,N)），（努力し
ない，(N,H)）の 2 つである。理由はこうである。地方政府の最適戦略は，

$$(H,H) \to 努力する$$

$$(H,N) \to 努力する$$

$$(N,H) \to 努力しない$$

$$(N,N) \to 努力する$$

13.5　地方政府と中央政府 ● 237

である。中央政府の最適戦略は，

$$努力する \rightarrow (N,H) \text{ or } (N,N)$$
$$努力しない \rightarrow (H,H) \text{ or } (N,H)$$

である。

　両者の最適戦略とマッチする戦略の組合せを調べると，（努力する，(N,N)），（努力しない，(N,H)）の2つのナッシュ均衡があることが分かる。

　（努力する，(N,N)）という均衡は，同時手番ゲームでのナッシュ均衡（努力する，救済しない）に対応する。（努力しない，(N,H)）は，手番を考慮することにより新たに追加されたナッシュ均衡である。

　複数均衡の経済モデルは，現実経済の多様さを説明する方法として利用される。多くの自治体が財政再建の努力をしている一方で，一部の自治体は財政再生団体や財政健全化団体に指定されている。自治体の財政状況の違いを，自治体固有の問題として考えるのは容易である。しかし，本章のモデルは，2つの自治体が同じような財政状況にあったとしても，財政再建に成功する自治体と失敗する自治体があることを示唆している。

● 信用されない脅し

　最後に，（努力しない，(N,H)）を唯一の均衡とする均衡概念を紹介する。図13-2の樹形図は，地方政府を先手番，中央政府を後手番とする逐次手番ゲームを図示したものである。中央政府が(N,N)戦略にコミットする限り，すなわち，地方政府の選択に関わらず「救済しない」を選択する限り，地方政府は「努力する」を選択する。努力するときの利得は50，努力しないときの利得はゼロだからである。

　しかし，中央政府の(N,N)戦略は，地方政府にとって信用するに値する戦略だろうか。(N,N)戦略は一種の「脅し」である。地方政府がこの脅しを信じれば「努力する」を選択する。しかし，右の中央政府Bの最適戦略が「救済する」であることを理解していれば，この脅しは信用されない。信用

図 13-2 地方政府と中央政府（3）

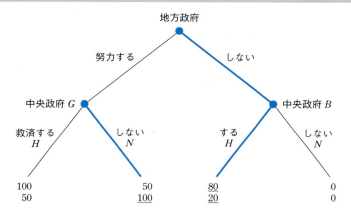

されない脅し（incredible thread）という。

● 部分ゲーム完全均衡

　信用されない脅しを排除する均衡概念が，部分ゲーム完全均衡である。下の方から分割可能なゲームを切り分け，各ゲームの最適戦略を求め，遡る形で均衡戦略を求める。後手番の問題から解いていくので，後ろ向き帰納法（backward induction）という。中央政府 G の最適戦略は「救済しない」である。中央政府 B の最適戦略は「救済する」である。つまり，後手番の中央政府の最適戦略は (N, H) である。図 13-2 から明らかなように，地方政府の最適戦略は「努力しない」である。したがって，部分ゲーム完全均衡は，（努力しない，(N, H)）の1つである。

● ソフトな予算制約の問題

　部分ゲーム完全均衡の持つ政策的意味は，中央政府のコミットメント能力である。中央政府が裁量的，日和見的，あるいは温情的に政策を行うと，地方政府の財政再建努力を阻害してしまう可能性がある。ソフトな予算制約の問題という。同様のメカニズムを，別の文脈で，ブキャナン（Buchanan, J.

M.）は**サマリア人のジレンマ**（Samaritan's dilemma），ベッカー（Becker, G. S.）は**放蕩息子の定理**（rotten kid theorem）と名付けている。

■ 13.6 道 州 制

本節では，アレシナとスポラオーレ（Alesina and Spolaore, 1997）のモデルを用いて，地方政府の最適な数に関する経済理論を紹介する。

以下のような単純化された経済を考える。まず，国土を数直線上の区間 $[0, 1]$ で表現する。国民はこの区間に均一に住んでおり，総人口は 1 であるとする。次に，この区間を N 等分し，N 個の州政府を建設するとしよう。各州のサイズは $1/N$，州の人口も $1/N$ である。最後に，各州の中央に州都を建設する[1]。建設費用を k（一定）とする。建設費用は国税により賄われると仮定すると，中央政府の予算制約式は，

$$t \cdot 1 = Nk \tag{13.11}$$

で与えられる。t は国民 1 人あたりの税を表しており，左辺の 1 は人口である。(13.11) 式は，州の数が増えるほど州都の建設費用が高くなり，国民の税負担が増えることを意味している。

次に，州都から x だけ離れたところに住む州民の効用を考える。州のサイズは $1/N$ であるので，$0 \leq x \leq 1/(2N)$ である。州民 x の効用関数を，

$$u(x) = g(1 - cx) + y - t \tag{13.12}$$

とする。y は所得（一定）であり，$y - t$ は可処分所得を表している。(13.12) 式の第 1 項は，地方公共財の便益を表す。$g > 0$ は州都に住む州民の便益

---

1 このモデルでは，州の中央に州都を建設するのが望ましい。章末の練習問題 2 を参照。

240 ● 第 13 章 地 方 財 政

図 13-3 州民の効用

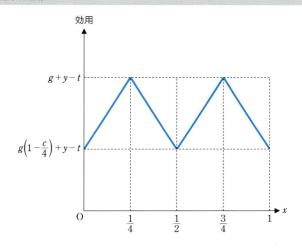

（一定）であり，州都からの距離に比例して便益が $c>0$ ずつ低下することを意味している。c の直接的な解釈は物理的距離であるが，**郷土愛**（州民であることのイデオロギー）といった心理的な距離といった解釈も可能である。

図 13-3 は，$N=2$ のときの州民の効用水準を図示したものである。区間 $[0, 1/2]$ を州 1，区間 $[1/2, 1]$ を州 2 としよう。州 1 の州都は $1/4$ にあり，州 2 の州都は $3/4$ にある。州都に住む人の効用は，$u(0)=g+y-t$ である。州の中でもっとも州都から遠い人の効用は，$u(1/4)=g(1-c/4)+y-t$ である。州の数が増え，一つひとつの州のサイズが小さくなると，州民の州都までの平均距離が短くなる。したがって，地方公共財の便益だけを考えれば州の数は多い方が望ましい。しかし，(13.11) 式が示すように，州の数が増えるほど州都建設の費用負担が大きくなる。最適な州の数は，州都建設に関する**費用便益分析**により決定される。

ある州の州民の総効用は，

$$U = 2 \int_0^{\frac{1}{2N}} u(x)dx \tag{13.13}$$

で与えられる。積分部分は，州都の右側に住む州民の効用を合計したものである。州都の左側についても同じように計算できるので2倍してある。(13.12) 式を (13.13) 式に代入して計算すると，

$$U = \frac{g}{N}\left(1 - \frac{c}{4N}\right) + \frac{y-t}{N} \tag{13.14}$$

が得られる。

州の数は N であるから，(13.14) 式を N 倍することにより国全体の総効用が得られる。

$$NU = g\left(1 - \frac{c}{4N}\right) + y - t$$
$$= g + y - \left(\frac{cg}{4N} + Nk\right) \tag{13.15}$$

2番目の等号は，(13.11) 式を用いて t を消去したものである。(13.15) 式の $cg/(4N)$ は，距離効果を表す。州の数が N のとき，州民の州都までの平均距離は $1/(4N)$ である。したがって，距離あたりの公共サービスの便益の損失 cg に平均距離を掛けた $cg/(4N)$ が，距離にともなう便益の損失の大きさを表している。N の値が大きいほど便益の損失は小さくなる。Nk は州都建設の税負担を表している。

相加・相乗平均より，

$$\frac{cg}{4N} + Nk \geqq 2\sqrt{\frac{cg}{4N} \cdot Nk} = \sqrt{cgk}$$

が成り立つ[2]。等号が成立するのは，$cg/(4N) = Nk$，すなわち，

$$N^* = \sqrt{\frac{cg}{4k}} \tag{13.16}$$

242 ● 第13章 地方財政

のときである。(13.16) 式が成立するとき損失が最小となるので，総効用は最大となる。

最適な州の数 N^* は，g, c の増加関数，k の減少関数である。州の数が大きくなるのは，(i)地方公共財の便益が大きいとき，(ii)距離費用が大きいとき，(iii)州都の建設費用が低いときである。

アレシナとスポラオーレのモデルは，高度に単純化されてはいるものの，道州制を議論するときの論点を教えてくれる。特に重要なのは，地方公共財の便益の大きさと，距離費用の大きさである。1節で，平成の合併は都道府県格差が大きいと述べたが，その理由は，地方公共財の便益と，郷土愛を含む距離費用が，地域ごとに異なることを反映しているのではないだろうか。

参考文献

Alesina, A., and Spolaore, E.（1997）On the number and size of nations, *Quarterly Journal of Economics*, **112**(4), 1027–1056.

2　2つの正の数 a, b について，

$$\frac{a+b}{2} \geqq \sqrt{ab}$$

が成立する。等号が成立するのは，$a=b$ のときに限られる。
　　左辺を相加平均，右辺を相乗平均という。

◆ **練習問題**

1. 2地域 $i=1,2$ に地方公共財を供給するケースを考える。

地域1の公共財の限界便益を $MB_1(g_1)=100-g_1$, 地域2の限界便益を $MB_2(g_2)=100-0.5g_2$ とする（g_i は地域 i の公共財供給量）。

公共財生産の限界費用は $c=40$ で両地域で同じであるとする。

このとき，以下の問いに答えよ。

(1) 地域1の最適水準 g_1^*, 地域2の最適水準 g_2^* を求めよ。また，各地域の純便益を求めよ。

(2) 中央政府が，一律の地方公共財の水準を定め（$g_1=g_2=g$），各地域がそれぞれ費用 $40g$ を負担するとする。

このとき，地域1の純便益 $NB_1(g)$, 地域2の純便益 $NB_2(g)$ を求めよ。ただし，$g_1^* \le g \le g_2^*$ とする。

(3) 純便益の和 $NB_1(g)+NB_2(g)$ の最大値を求めよ。またそのときの公共財水準 g^* を求めよ。

2. 対称な2地域 $i=1,2$ を考える。地域1，地域2の住民の効用関数を，それぞれ，

$$u_1 = \log g_1 + \varepsilon \log g_2 - c_1 g_1$$
$$u_2 = \log g_2 + \varepsilon \log g_1 - c_2 g_2$$

とする。g_i は地域 i の地方政府が供給する地方公共財を表す。$c_i>0$ は地域 i の住民が負担する公共財生産の限界費用を表す定数，$\varepsilon>0$ は他地域の公共財のスピルオーバー効果の大きさを表す定数である。

このとき，以下の問いに答えよ。

(1) 他地域の公共財供給を所与とするとき，各地方政府の決める公共財供給量 g_1^0, g_2^0 を求めよ。

(2) 2地域が合併したときの公共財供給量 g_1^*, g_2^* を求めよ。

(3) 中央政府が，地方公共財の最適供給を達成するために課税補助金政策を行うとする。各地域の住民の効用関数は，

$$u_1 = \log g_1 + \varepsilon \log g_2 - (1-t_1)c_1 g_1 - T_1$$
$$u_2 = \log g_2 + \varepsilon \log g_1 - (1-t_2)c_2 g_2 - T_2$$

で与えられる。t_i は地域 i の公共財生産に対する補助率を表し，T_i は地域 i の一括税

を表す。

このとき，均衡予算の下での中央政府の最適政策 (t_i^*, T_i^*) を求めよ。

3. 国土を数直線上の区間 $[0, 1]$ で表現する。国民はこの区間に均一に住んでいるとする。国土のどこかに首都があり，首都に住む住民の効用を 1 とする。首都以外に住む住民は，首都からの距離に比例して $c > 0$ ずつ効用が下がると仮定する。

首都の位置を a とすると $(0 \leqq a \leqq 1)$，x の位置に住む住民の効用は次式で表される。

$$u(x, a) = 1 - c|x - a|$$

国民の総効用は，

$$W(a) = \int_0^1 u(x, a)dx = 1 - c \int_0^1 |x - a|dx$$

で与えられる。

このとき，総効用を最大にする首都の位置は $a^* = 1/2$ であることを示せ。

索　引

あ　行

赤字国債　155
アダム・スミス（Smith, A.）　115
アトキンソン指数　75
アレシナ（Alesina, A.）　240

遺産動機　166
異時点間の資源配分　13
一部事務組合　227
一物一価の原則　46
一般会計　2
一般政府　1

後ろ向き帰納法　239

エッジワース・ボックス　47

オーツ（Oates, W.E.）　144

か　行

介護　184
外生変数　21
外部経済　6
　　——効果　136
外部性　6, 136, 232
外部費用　138
　　——の内部化　143
外部不経済効果　137
価格弾力性　95
確実性等価　76
確率的投票均衡　219
家計　1

課税競争　234
課税の超過負担　159
偏り　69
合併　232
仮定　60
貨幣供給　25
貨幣錯覚　36
貨幣需要　25
可変費用　8, 88
環境クズネッツ曲線　151
環境税　144
関係式　32
間接効用関数　104
完全競争均衡　57
完全競争市場　45
完全雇用　16
完全平等　67

機会費用　96
企業　1
棄権　219
技術的外部性　136
基礎的財政収支　156
期待　13
逆弾力性ルール　107
競合性　4
強者　69
郷土愛　241
共同消費性　116
均衡国民所得　19
均衡予算乗数　22
均整成長経路　203
均等分配所得　76

金融部門　3

クラーク・グローブス・メカニズム　132
クラウディングアウト効果　30
クラブ財　5

景気循環　12
契約曲線　49, 121
限界効用　50, 84
　──逓減の法則　84
限界消費性向　20
限界代替率　50
限界費用　6, 87
　──逓増の法則　87
限界便益　6
健康保険　11
減税乗数　21

広域連合　227, 232
公共財　4
　準──　4
公共投資の適切な割引率　193
公共投資の費用　191
公共投資の便益　191
公共部門　1
公債の中立命題　165
厚生経済学の第2定理　59
厚生経済学の定理　45
厚生損失　139
構造誘導均衡　217
公的企業　1, 3
公的年金　172
恒等式　19
公平性　110
効用関数　84
効用フロンティア　65
コース（Coase, R.H.）　141
コープランド（Copeland, B.R.）　152
国債　155
　──の負担　161

建設──　155
特例──　155
国庫支出金　233
コッフ（Kopf, D.H.）　162
固定費用　8, 87
個別誘因両立的　132
コミットメント能力　239
コモンズ　5
コモンズ（共有地）の悲劇　150
雇用　16
雇用保険　11
コンドルセ勝者　212

さ 行

財市場均衡式　20
財政　1
　──の維持可能性　157
財政赤字　154
財政的外部効果　234
差別価格　111
サマリア人のジレンマ　240
サミュエルソン・ルール　119
産業基盤公共資本　187, 207
三面等価の原理　18

死荷重　93
資源配分のゆがみ　194
資産需要　25
資産選択　26
支出国民所得　18
市場均衡　53
市場の失敗　4, 139, 143
市場メカニズム　4, 51
自然独占　8
実行可能性　111
実質貨幣供給　32
実質貨幣需要　32
実質賃金率　36
私的限界費用　6
私的限界便益　6

私的情報　111
ジニ係数　72
支払意思額　119
社会計画者　51
社会厚生関数　66
社会的限界費用　6
社会的限界便益　8
社会的責任　10
社会的選好　211
社会的な望ましさ　64
社会的費用の最小化　149
社会的無差別曲線　66
社会的余剰　91, 138
社会保険　3
社会保障基金　3
弱者　69
じゃんけん　223
従価税　94
集計　90
重心　70
囚人のジレンマ　235
従量税　92
受益者負担原則　116
主体的均衡　52
需要の価格弾力性　106
純粋交換経済　51
純粋利他主義　166
準線型　103
少子高齢化　223
消費関数　19
消費者余剰　86
消費税率　24
消費の平準化　12
情報収集能力　233
所得格差　64
所得再分配　10
所得税率　24
信用されない脅し　238

数量化　69

スピルオーバー効果　231
スポラオーレ（Spolaore, E.）　240

生活基盤公共資本　187
生活基盤公共投資　207
生産国民所得　18
生産者余剰　89
政治力　223
ぜいたく品　110
成長のエンジン　205
税の帰着　94
政府　1
　　──の債務残高　154
政府支出乗数　21
政府支出の硬直化　168
税率の平準化　159
世代間の保険　11
世代間利他主義的な行動　164
選好順序　210

総供給曲線　34
相互交渉　141
総需要曲線　32
相乗平均　77
相続税　11
相対価格　52
相対的危険回避度　75
贈与税　11
ソフトな予算制約　239

た　行

大規模プロジェクト　10
対数表示　107
多数決　211
ただ乗り　131
短期分析　16
単峰性　213

チーニョ（Cigno, A.）　182
逐次手番ゲーム　236

索　引　249

地方公共財　229
地方交付税　3
地方交付税交付金　11
地方財政計画　2
地方政府　2
中位投票者定理　213
中央政府　2
中央値　69
超過供給　57
超過需要　56
超過負担　140
調整速度　12

積立方式　174

定常状態　198
テイラー（Taylor, M.S.）　152
デービス（Davis, R.G.）　162
転嫁　110
転売　111

投資関数　27
同時手番ゲーム　236
道州制　243
投票　211
投票のパラドクス　215
等量消費性　116
ドーマー条件　158
特別会計　2
取引需要　25

な　行

内生化　19
内生的成長モデル　204
内生変数　21
内部化　232
ナッシュ均衡　122, 235
ナッシュ反応関数　123

二重の配当　140

二重の負担　183
日本銀行　3
日本年金機構　3

年金改革　182

は　行

排出権取引　147
排除性　4
排除不可能性　5, 115
バッテン　6
林文夫　166
パレート改善　46
パレート効率　117
パレート最適　46
バロー（Barro, R.J.）　159, 200
バローの等価定理　165
反応曲線　218

非営利団体　10
比較静学分析　21
非競合性　5, 115
非金融部門　3
ピグー税・補助金　139, 141, 232
非自発的失業　39
必需品　110
費用関数　87
費用便益分析　241

付加価値　18
賦課方式　174
ブキャナン（Buchanan, J.M.）　239
複数均衡　238
不公平感　75
普通会計　2
物価水準　32
浮動票　219
部分ゲーム完全均衡　239
プライステイカー　46
プライマリー・バランス　156

ふるさと納税制度　234
分権化定理　229
分配国民所得　18
分布関数　221

平均差　72
平均値　69
平均費用　8
平均費用逓減産業　9
平成の（大）合併　227
ベッカー（Becker, G.S.）　240
ベンサム基準　66

放蕩息子の定理　240
ボーエン（Bowen, W.H.）　162
ボーモル（Baumol, W.J.）　144
ボーモル・オーツ税　145
ポンジ・スキーム　167
本間正明　166

ま　行

マクロ生産関数　16
マスグレイブ（Musgrave, R.A.）　1

密度関数　220
民間部門　1

無差別曲線　48, 215

モディリアーニ（Modigliani, F.）　161

や　行

ゆうちょ銀行　3

余剰　85

ら　行

ラーナー（Lerner, A.P.）　160
ラーナーの独占度　111
ラインハート（Reinhart, C.M.）　158
ラグランジュ未定乗数法　105
ラムゼー・ルール　102, 107

リカード（Ricardo, D.）　165
リカード・バローの中立命題　165
利子率　25
リスク回避的　9, 77
リスク中立的　9, 76
リンダール・メカニズム　126
リンダール反応関数　126

労働の限界生産力　36
ロールズ基準　67
ロゴフ（Rogoff, K.S.）　158

わ　行

ワルラス的調整　91
ワルラス法則　54

英数字

3つの機能　1
45度線分析　20

AD 曲線　32
AK モデル　202
AS 曲線　34
IS–LM 分析　25
IS 曲線　27
LM 曲線　26

著者紹介

宮澤　和俊（みやざわ　かずとし）【第 1 〜 6，12，13 章執筆】

1962 年生まれ。名古屋大学理学部卒業，名古屋大学大学院経済学研究科博士課程
修了（博士（経済学））。南山大学経済学部講師，同助教授，同志社大学経済学部准
教授を経て，現在 同志社大学経済学部教授。専門はマクロ経済学，公共経済学。
主な著作
"Grandparental child care, child allowances, and fertility," *Journal of the Economics of
Ageing*, **7**, 2016, 53–60.
"Growth and inequality: A demographic explanation," *Journal of Population Economics*,
19(3), 2006, 559–578.
"Incentives and product variety in an aging economy," *International Tax and Public
Finance*, **8**(4), 2001, 595–607.

焼田　党（やきた　あきら）【第 7 〜 11 章執筆】

1952 年生まれ。上智大学経済学部卒業，名古屋大学大学院経済学研究科博士課程
修了（博士（経済学）取得）。福岡大学経済学部講師，三重大学教授，中京大学経
済学部教授，筑波大学大学院システム情報工学科教授，名古屋市立大学大学院経済
学研究科教授を経て，現在 南山大学経済学部教授。専門はマクロ経済学，公共経
済学。
主な著作
Population Aging, Fertility and Social Security. Springer Nature, 2017.
"Fertility and education decisions and child-care policy effects in a Nash-bargaining
family model," *Journal of Population Economics*, **31**(4), 2018, 1177–1201.
"Sustainability of public debt, public capital formation, and endogenous growth in an
overlapping generations setting," *Journal of Public Economics*, **92**(3–4), 2008, 897–
914.
"Taxation and growth with overlapping generations," *Journal of Public Economics*, **87**
(3–4), 2003, 467–487.

ライブラリ 今日の経済学 12

財 政 学

2019 年 9 月 25 日 ©　　　　　　　　　　　初 版 発 行

著　者　宮澤和俊　　　　　発行者　森平敏孝
　　　　焼田　党　　　　　印刷者　小宮山恒敏

【発行】　　　株式会社　新世社
〒151-0051　東京都渋谷区千駄ヶ谷1丁目3番25号
編集☎(03)5474-8818(代)　　　サイエンスビル

【発売】　　　株式会社　サイエンス社
〒151-0051　東京都渋谷区千駄ヶ谷1丁目3番25号
営業☎(03)5474-8500(代)　　振替　00170-7-2387
FAX☎(03)5474-8900

印刷・製本　小宮山印刷工業(株)
《検印省略》
本書の内容を無断で複写複製することは，著作者および
出版者の権利を侵害することがありますので，その場合
にはあらかじめ小社あて許諾をお求め下さい。

ISBN978-4-88384-297-1
PRINTED IN JAPAN

サイエンス社・新世社のホームページのご案内
http://www.saiensu.co.jp
ご意見・ご要望は
shin@saiensu.co.jp　まで.

ライブラリ 今日の経済学　15

労働経済学

宮本 弘曉 著

A5判／288頁／本体2,500円（税抜き）

失業，少子・高齢化による労働力人口減少，長時間労働問題，
正社員と非正社員の格差問題，ワークライフ・バランス問題への
の対処など，労働市場が直面する課題は数多い。本書は，労働
経済学のエッセンスをわかりやすく解説し，経済理論やデータ
を用いた実証分析によって，こうした「働くこと」に関する諸
問題の対処に必要な政策立案を提示する。従来のミクロ経済学
的な色合いの濃い労働経済学のテキストと比較し，近年発展が
著しく政策的にも重要なマクロ経済学的な視点からの分析手法
も多く取り入れて紹介する。2色刷。

【主要目次】
労働市場を観察する／労働市場の需給分析／労働供給／労働需要／
失業／失業の理論／サーチ・マッチングモデル／人的資本／賃金／
景気変動と労働市場／雇用創出と消失／労働力フロー分析／制度・
政策／日本の労働市場

発行 新世社　　　発売 サイエンス社